经管文库 · 管理类

前沿 · 学术 · 经典

教育信息化背景下
大学英语教学改革与创新实践研究

A Research on the Reform and Innovation of College English Teaching in the Context of Educational Informatization

冉凡敏 著

经济管理出版社
ECONOMY & MANAGEMENT PUBLISHING HOUSE

图书在版编目（CIP）数据

教育信息化背景下大学英语教学改革与创新实践研究/冉凡敏著．—北京：经济管理出版社，2024.3
ISBN 978-7-5096-9626-2

Ⅰ.①教… Ⅱ.①冉… Ⅲ.①英语—教学改革—研究—高等学校 Ⅳ.①H319.1

中国国家版本馆 CIP 数据核字(2024)第 054632 号

组稿编辑：杨国强
责任编辑：杨国强
责任印制：许 艳
责任校对：陈 颖

出版发行：经济管理出版社
（北京市海淀区北蜂窝 8 号中雅大厦 A 座 11 层 100038）
网 址：www.E-mp.com.cn
电 话：(010) 51915602
印 刷：唐山玺诚印务有限公司
经 销：新华书店
开 本：720mm×1000mm/16
印 张：12.5
字 数：215 千字
版 次：2024 年 4 月第 1 版 2024 年 4 月第 1 次印刷
书 号：ISBN 978-7-5096-9626-2
定 价：98.00 元

前言

大学英语是大学里的一门重要的基础课，大学英语教学在培养大学生的综合能力方面起着举足轻重的作用。当今社会的高速发展、科学技术的进步、网络技术的普及都对现阶段的大学英语教学提出了更高的要求，传统的教学方式已经很难适应现代社会发展的需要，甚至出现了和网络技术脱节的现象。在教育信息化的大环境下，各类学习软件应运而生，大学生的学习方式也由传统的课堂学习向“线上”“线上线下融合”的方向转变。这一以教育信息化为基础的教育变革，可以很容易地帮助大学生获得重要知识，并产生新的教学模式。把信息技术引入大学，将信息技术和大学英语有机地结合起来，既能激发大学生的学习兴趣，又能丰富大学英语的教学内容。

在当今教育信息化的大环境中，传统的教育要获得发展，必须借助先进的教育观念和信息技术，以保证教育的革新。但是，由于我国在教育信息化这一领域起步较晚，因此，我国的教育信息化系统还不够健全。在教育信息化的大环境下，现代化的大学英语教学要更加重视信息技术，充分运用信息技术进行线上教学。教育信息化的发展能够帮助教师更加有效地通过互联网查找所需的教学资源，革新教学方法，提高教学质量。同时，教育信息化的发展也在不断地改变着传统的教学观念、教学方式。现阶段，只有充分地开发、利用信息资源，对信息内容进行合理的计划与编排，才能使其真正地发挥功能，从而大幅度地提高大学英语教学的实践效果。

基于以上各种因素，笔者结合自己多年的工作实践和科研成果，撰写了本书。本书共分为七章。第一章对大学生英语教学的现状及相关理论进行了系统的阐述和分析；第二章对当前教育信息化对大学英语教学的影响、挑战及对大学英语教育现代化的推动进行了研究；第三章对教育信息化背景下大学英语的教学理念，包括产教融合理念、校企协同合作理念、创新思维理念，在大学英语教学中的创新应用进行了探讨；第四章探索了教育信息化背景下大学英语教学方法的创新，包括自主学习法、交际教学法、情境教学法及任务教学法等；第五章探索了教育信息化背景下的大学英语教学模式改革，包括慕课教学模式、翻转课堂教学模式、微课教学模式、混合式教学模式；第六章提出了教育信息化背景下大学英语教学的改革路径，包括做好大学英语信息化教学的软硬件建设、开展信息技术与大学英语课程整合、加强大学英语学习资源库建设、重视大学英语教师现代化教学能力的提升；第七章探讨了教育信息化背景下大学英语教学评价的内容，分析了教育信息化背景下大学英语教学的多元化评价策略，指出要构建大学英语教学评价的指标，并要创新大学英语教学评价方法等。

本书在写作过程中参考了众多专家学者的研究成果，在此表示诚挚的感谢！由于时间和精力的限制，加之笔者水平有限，本书内容难免存在疏漏，恳请广大读者予以批评指正，以便后期修改完善。

冉凡敏

2023 年 10 月

目　录

第一章　大学英语教学概述

第一节　大学英语教学的理论依据

大学英语教学的实施和发展离不开相关理论的支撑，本节将对大学英语教学的理论基础进行具体的阐述。

一、英语教育学理论

教育学有着悠久的历史，其运用教育学的相关原则、原理和方法进行知识教育和研究，探索语言的现象和规律，而英语教学作为语言教学的一部分，属于教育学研究的范畴。归纳法、演绎法都是教学中常用的方法。思想性、量力性、巩固性、自觉性以及科学性等是教学过程中遵循的一般原则。另外，英语教学还受教育目的、教育方针和培养目标的影响，具体影响着英语课的开设目的和要求以及课时数。

（一）教育心理学

学生的个体心理活动对总体教学效果的影响、学生的生理心理个性与教学之间的关系都是教育心理学重点研究的范畴。总而言之，教育心理学具有研究学习者、学习过程以及学习情境的作用。

在大学英语教学中，教师在传授给学生相关知识时要结合学生的心理，以达到事半功倍的效果。随着年龄的增长和学习内容的增多，学生的心理活动特征也相应地发生改变。他们对机械的模仿和直观的讲解逐渐失去兴趣。在教学过程中，老师要引导学生有意识地进行交际性的练习，在实际中对语言素材进行感知，通过分析、综合、归纳、对比，了解语言的规则，把握英语的结构，从而达到独立使用英语的目的。此外，在大学英语教学过程中，要加强对学生的思想政治教育，让他们有清晰的学习目标，激励他们的学习积极性，提高他们的意志力、自信心，以此产生学习动机。同时，要培养学生勤学好问和善于思考的精神，让他们乐于参与到涉外交往的英语沟通中去。

（二）教育经济学

教育经济学指运用经济学的理论、方法和工具，研究教育资源的配置、教育投资与教育效益的关系，为教育决策提供科学的依据。它涉及的范围包括教育的投入、教育的品质、教育的产出等多个方面。

在大学英语教学中，教育经济学主要研究哪些课程对教学有益，主要关注教育中的经济效益，站在经济的角度研究教育学科。因此，在大学英语教学中，必须要增加与英语实践相关的课程，提高学生听、说、读、写英语的能力。此外，要提高与企业的人才培养合作交流，明确企业对英语的人才需求，培养应用型的高素质英语人才，全面提升大学英语课堂教学质量，提高学生就业率，实现大学英语教育经济的最大化。

二、英语语言学理论

（一）社会语言学

语言是人类社会的特殊现象及最重要的交际工具，语言离不开社会，语言学离不开社会学。人类语言的发展与社会发展密切相关，两者相互依存，语言不可能离开社会而独立存在，没有了语言，人类社会就会停滞。人类虽然有语言的生理本能，但离开了社会环境就会失去这种本能，即语言习得也离不开社会。

社会语言学是研究语言与社会的相互关系、相互作用、相互影响的学科。它是指运用语言学和社会学等学科的理论和方法，从不同的社会科学角度研究语言的社会本质和差异。社会交际功能是语言最本质的功能，社会化过程是理解本族语言习惯并能准确地说出符合语法的句子的最好环境，并且能使人们将本族语言准确地运用到一定的场合和场景中。交际能力是运用语言进行社会交往的能力，包括语言能力和影响语言使用的社会文化意识的言语能力，它不仅要求语言行为的语法准确，同时对语言行为的社交得体性也有一定要求。

（二）结构主义语言学

结构主义语言学认为语言是一个内部相对独立、自足的抽象符号系统，关注语音、词素、单词、短语、句子等语言单位在整体符号系统中的地位，主要从共时角度对各语言成分间的关系进行描述。索绪尔的结构主义语言学理论主要产生了两个影响：

（1）为现代语言学奠定了方法论基础。索绪尔的研究奠定了结构主义语言学的方法论基础。他将语言分为语言和言语、内部和外部、共时和历时这几个相互关联的成分，同时提出在语言的各个层面上都存在着对立与互补、组合与聚合两种根本关系。

（2）为现代语言学的研究指明了方向。20 世纪二三十年代，在索绪尔结构主义语言学理论的影响下，语言学从历史研究转向了共时分析。研究者为了揭示语言结构的共时特点和规律，把语言作为一个单位系统和关系系统进行共时的结构描写及分析，从本质上认识语言。从此，语言学中出现了包括哥本哈根学派、布拉格学派、美国描写语言学派三大结构主义学派，在此基础上还启发和影响了其他学派。

（三）比较语言学

比较语言学起源于 18 世纪的欧洲，被广泛应用于 19 世纪的印欧语研究中，在语言内部发展需求的推动下，在其他自然学科和综合因素的影响下，语言学家运用比较的研究方法将语言作为一个独立的学科进行研究，从而成立了语言学史上第一个独立的历史比较语言体系。① 它主要研究同一种语言历史发展的不同阶段，两种或两种以上不同语言的共时比较，在语音、词汇、语法方面找出它们之

① 张艳翠，李晓明．语言研究方法论的演变［J］．科技创新导报，2011（33）：236.

间的对应关系和不同之处。① 所以说，利用历史比较语言学不仅可以找出语言发展、变化的轨迹及原因，同时还可以找出相关语言间结构上的亲缘关系和共同母语。另外，各种语言自身的特点对语言教学所起的作用也可以通过这门学科来弄清楚。

三、英语心理学理论

（一）人本主义心理学

人本主义心理学追求“以人为本”和“以整体人为对象”的理论宗旨。因为人本主义心理学存在着与行为主义心理学和精神分析学派不同的理论宗旨和思维方法，因此，在心理学领域，人本主义心理学被称作“第三种势力”。人本主义学习理论的基本观点是：

（1）人本主义学习理论注重人的价值，注重人的主观能动性的发挥，重视人的选择力和意志力。

（2）人本主义学习理论把学习看作是人的自我实现，是一种丰富人性的重要方式。

（3）人本主义学习理论强调以学生为中心的教学观念，每个普通学生都具有自我学习的能力。

（4）人本主义学习理论认为，人际关系是学习效率提高的一个关键因素，在教学过程中营造了“接受”的氛围。

语言学习的最终目的是交换信息、传播观念。在大学英语教学中，教师与学生进行面对面的语言交流，能有效地提高学生的学习动机；然而，语言学习不仅依赖教师对语言知识的传授，同时大量的语言实践活动也必不可少。另外，教师在教学过程中应坚持以人为本的教学原则，坚持以学生为中心，突出学习过程和自我实现的价值，这是人本主义学习理论的最大特点。

（二）行为主义心理学

20 世纪 50 年代，以斯金纳和华生为代表的行为主义心理学出现了。言语刺

---

① 李宁. 比较语言学视野下的二外法语教学［J］. 新乡学院学报（社会科学版），2011，25（3）：199-201.

激、外部刺激或者内部刺激都可能是引起言语和语言产生的一部分，在不断强化过程中形成了语言学习，当反应重复出现时就发生了学习行为。刺激和反应是人与动物行为的一个共同因素，动物和人的一切复杂行为是在环境的影响下由学习产生的，而心理学应该只研究外部刺激会产生怎样的反应，对其行为的内部过程不应该过分关注。

行为主义学派对大学英语教学理论与实践产生了很大影响。美国的“听说法”和法国的“视听法”都是在行为主义心理学的基础上发展起来的，认为英语的学习是“刺激—反应”的过程，是一种有效的英语教学方法。听说法注重听力、口语、写作等语言技能的培养，主张英语教学应以大量的模拟、重复的练习来帮助学生形成良好的学习习惯。视听法是在听说法的基础上，结合视听手段形成的一种教学方法，注重情境中听觉感知和视觉感知相结合。① 基于此，依据行为主义心理学“刺激—反应”理论，大学英语教师应该充分发挥多媒体课件的文字、声音和图像的集合功能，将多媒体的各元素按照教学需要进行有机的整合，让文字与画面、情境更密切地融合在一起，通过影像和音频的互相关联及影响，激发学生的学习行为，提高英语课堂的新鲜感，激起他们浓厚的好奇心和学习兴趣。

第二节 大学英语教学的内涵与要素

一、大学英语教学的内涵

英语是一种语言，大学英语教学是对这门语言的教学。语言教育通常应以培养学生运用语言的能力为目的，但也有不是以培养学生运用为目的的，例如，古希腊语、古汉语等已经不再运用的语言，现在教授这类语言是为了帮助学生研究

① 惠海云，祁兴芳．职业院校英语教学的现状与创新教学方法探讨［J］．延安职业技术学院学报，2015，29（5）：67-68.

其中的语言知识和文化底蕴。

从人类外语教育的发展历史看，外语教育离不开外语知识教育，以外语知识为基础的外语教育有利于学生运用外语能力的培养。因此，英语教育作为语言教育，其本质是培养学生综合运用英语的能力。

在大学英语学习过程中，大学英语教学是基本又复杂的因素。大学英语教学是一种教育活动。对大学英语教师而言，教学是引导大学生学习英语知识的教育活动；对大学生来说，大学英语教学是在教师引导下学习英语知识的活动。大学生的英语能力是否得到发展是大学英语教学能否实现其目标的关键。大学英语教学是师生互动的过程，教师教，学生学，是共同完成预定任务的双边统一的活动。

具体而言，可以将大学英语教学概括为：大学英语教师依据一定的英语教学目的与教学目标，在有计划、系统性的教学过程中，借助一定的方法和技巧，以传授大学生掌握英语知识为基础，促进大学生整体素质发展的教与学相统一的教育活动。

二、大学英语教学的要素分析

大学英语教学的基本要素包括学生、教师、教材、教学内容、教学方法、教学媒体以及教学环境等。

（一）学生

1. 学生的角色

大学英语教学应面向全体在校学生，以学生学习为核心，注重培养学生的学习愿望、学习习惯以及学习能力，同时应关注学生自我评价、评价激励、反馈和调整功能，以使学生获得全面和终身发展。这些都赋予了学生新的角色意义。

（1）主体。学生是学习的主体，大学英语教学活动要坚持学生的主体地位。在学习过程中，学生通过对知识进行积极探索、发现、内化和吸收等实践，有助于知识体系的构建。

（2）参与者。学生是教学活动的参与者。在大学英语教学过程中，教师应注意激发学生的兴趣，使他们积极参与到教学活动中来，让学生乐于学习。在学习过程中，学生应主动参与，积极思考，敢于表达自己的思想与观点，将个人才能尽量展示出来。

（3）合作者。大学英语教学是在师生、生生间进行的，因此，学生的学习过程必然要与他人合作。学生在学习中通过协商与互助，彼此促进，最终实现共同掌握知识的目标。

（4）反馈者。学生是大学英语教学活动的反馈者。学生以个体的学习情况以及教学方法的适用性为依据，向教师提出相关的意见与建议，促使教师对教学方法与教学内容加以调整、改进，最终提高大学英语教学的效率。

2. 学生的个体差异

学生的个体差异主要体现在认知风格、语言潜能以及情感因素等方面。

（1）认知风格。认知风格指人在对信息进行分析、组织、运用过程中表现出来的认知组合和认知功能方面的风格。

不同的学习个体，其认知风格也有所不同，并且不同认知风格具有不同的优势和劣势。这要求教师在大学英语教学中对学生的认知风格有所了解，结合不同的学习任务、学习环境进行有针对性的教学，妥善引导，充分发挥学生的优点，弥补学生的不足，将自己的教学特点与学生的需要相结合，从而促进学生的全面发展，提高大学英语教学质量。

（2）语言潜能。语言潜能指学习英语的一种能力倾向。学生英语素质的提高，最重要的一点是对学生综合运用语言能力的培养，而语言潜能是就学生的认知素质对其学习英语的潜在能力做出预测。①

不同学生具有不同的语言潜能。在大学英语教学中，教师应了解学生的语言潜能，进而因材施教，使之结合不同的学习任务在不同场合发挥各自优势，提高学习效率。

（3）情感因素。在大学英语教学的过程中，学生的学习效果还受到个人情感因素的影响。情感因素主要包括学习动机、性格、态度等。

---

① 温荣生．语言潜能理论与外语教学［J］．龙岩学院学报，2009，27（6）：61-63.

第一，学习动机。学习动机有内部动机与外部动机之分。其中，内部动机能使学生保持持久的兴趣，对英语学习具有积极的推动作用，因此在大学英语教学中，教师设法调动学生的内部动机，使其内部发生根本性变化，从而提高学习效率。

第二，性格。性格是影响英语学习效果的一个重要因素。人的性格通常分为两种：内向型和外向型。内向型学生往往比较沉静，不爱动，在阅读和写作方面更有优势，有利于发展认知型学术语言能力；外向型学生一般开朗、热情，喜欢交际，且不怕出错，在交际学习方面更具优势。因此，在大学英语教学中，教师应充分了解学生的特点，发挥不同性格学生的优势，因材施教。就内向型学生而言，教师应注意创造一种轻松、鼓励性的课堂气氛，使学生乐于学习，敢于探索；就外向型学生而言，教师应提醒他们注意语言的准确性。

第三，态度。态度指个人对事物或人的一种评价性反应。① 态度与英语学习有很大的关系。如果学生对其他民族的文化有好感，对该民族的文化与语言持积极态度，有利于提高语言学习效果；如果学生对其他民族的文化抱有轻视、厌恶的态度，不能积极、认真地去了解该民族的文化，这必然会对该民族语言的学习带来一定的消极影响。此外，学生对学习材料、教学活动的组织形式及对教师的态度都会对其英语学习效果产生一定影响。因此，在大学英语教学中，教师要注意对学生进行正确学习态度的培养。

（二）教师

教师也是教学的一个重要构成要素。在大学英语教学中，教师在充分发挥主动作用的同时要清楚地认识并了解教师的角色与素养。

1. 教师的角色

教师的角色指教师在教学中的职责及其职业特点。随着教学改革的开展，教师角色的内涵变得更为丰富，不再只是知识的传授者和教学的主宰者。当代教师角色的新内涵主要包括如下几点：

（1）知识的传授者。教师是知识的传授者，在教学活动中，学生对知识与

---

① 崔刚，孔宪遂. 英语教学十六讲［M］. 北京：清华大学出版社，2009：66.

信息的获取主要来源于教师。此外，教师的责任不只是传授知识，还应教会学生做人的道理。

（2）课堂的控制者。教师作为课堂的控制者，在教学活动中应充分发挥其主动作用，既要控制好学生的学习情况，还应注意把控课堂、教案的执行程序以及教学时间。此外，为了取得良好的教学效果，教师应注意克服教学的随意性。

（3）行为的评价者。行为的评价者指教师在教学过程中记录不同学生在学习上的问题以及不足之处，同时适时地予以反馈。需要注意的一点是，教师应把握好评价的方式与方法，纠正学生错误时应注意措辞，尽可能地以学生能接受的形式加以纠正，避免伤害学生的自尊。

（4）活动的组织者。教师是课堂活动的组织者。由于学生是课堂活动的主要参与者，因此教师在组织活动时首先考虑到学生因素，将教学活动的主要目的、任务以及教学活动开展的方式、流程等清楚地告诉学生，便于他们更好地理解自己在活动中的职责，了解活动的各个环节，从而使其行为更具有针对性，以顺利达成活动目的。

（5）活动的促进者。教师是活动的促进者。学生在学习过程中遇到困难在所难免，此时教师应为学生提供相应的帮助，引导学生将当前所学的内容与已有的知识结合起来，形成一种新的知识建构。

（6）活动的参与者。教师不仅是活动的组织者，还是活动的参与者。教师参与到课堂活动中来，不仅可以增进课堂的气氛，拉近与学生的距离，还可以充分了解学生的心理特征，引导学生解决学习中的问题，促进课堂活动的执行与实施。

（7）资源的提供者。教师是资源的提供者。在教学活动中，教师可为学生提供丰富的背景知识、答案、范例、机会等，这些都会促进学生的学习。

（8）研究者。教师是教学的研究者。教师在教授知识的同时也在进行教学研究，教师具有自己的研究方向和研究内容，在教学过程中不断发现问题，展开研究并解决问题，很好地将课堂教学与科学研究结合起来，从而完善自己的教学活动。

（9）激励者。教师是学生学习的激励者，这一身份使教师将课堂的绝对控制权交给学生，以学生为中心，引导并鼓励学生进行学习。要做到这一点，教师必须具备丰富的知识和教学经验，同时具有激励学生的能力。

由上述分析可知，教师的角色多种多样，这些不同的角色都是社会、学校、家长以及学生期望的一种反映。一名合格的教师应能灵活地在这些角色间进行转换，充分发挥自己的能力。

2. 教师的素养

一名合格的大学英语教师应具备两个方面的素养：专业素养和师德素养。

（1）专业素养。教师的专业素养包括以下几方面：

第一，较高的语言水平。教师应具备较高的语言水平，包括扎实的语言专业知识和较高的语言技能。扎实的语言专业知识是英语教师必备的专业素养。另外，教师只有具备较高的语言水平，才能全面把握教材，更有效地传授英语语言知识，促进学生的英语学习。由此可以看出，教师较高的语言水平是教学活动顺利开展的重要保障。

第二，全面的教学能力。教师的教学能力体现在三个方面：①传授和培养英语知识技能的能力，指教师在教学过程中善于讲解、示范、提问、启发、引导学生进行学习，同时面对学生在学习过程中的问题，要及时合理地解决。②教学的组织能力，教师善于动员和组织学生集体进行学习。③综合教学能力，教师在大学英语教学中所需要的语言本身之外的教学能力。

第三，较强的科研能力。对于新时代的教师而言，不仅要具备较高的语言水平和教学水平，还应具备较强的教育科研意识和科研能力。

除此之外，系统的教学理论知识也是英语教师必须要掌握的。这要求教师既要具备教育学、心理学理论知识，还要掌握大学英语教学理论知识。

（2）师德素养。师德是教师素质中不可或缺的一个组成部分。一名合格的大学英语教师必须具有坚定的理想信念、科学的世界观、人生观与价值观，爱岗敬业，乐于奉献，忠于人民的教育事业。

（三）教材

教材既是大学英语课堂教学的依据，又是学生学习的载体，学生学习英语主要是通过教材而实现的。由于教材编写水平与资料有限，任何教材的编写都难免存在一些缺陷。这要求教师在课堂教学中要灵活处理不同教材，考虑学生的感受，对教学进度和教学方法进行适当调整，以提高教学效果。

在教学过程中，教师通常会遇到与教材相关的一些特殊情况。这要求教师要因材施教，因人施教。例如，有些教材语言太过简单，而大部分学生在课堂上仅仅是在运用或操练旧的语言知识和技能，这对学生英语能力的提高极为不利。面对教材的这种情况，教师应适当补充一些稍具难度的语言材料，激发学生的学习动力，促进学生语言能力的发展。再如，有些教材偏难，导致很多学生难以理解，从而阻碍学生的英语学习。这时，教师应注意调整教学进度，适当添加一些难度稍小且与课文内容相关的语言材料，使学生能跟上教师的教学进度。还有些教材中提供的交际任务可能会超出学生的日常生活范围，这时，教师应借助一些辅助手段，如图画、幻灯片、流程图等，以增加课堂教学的趣味性，促进学生的学习。

（四）教学内容

教学内容是为实现教学目标而服务的。教师的教学与学生的学习都应依据教学内容而展开。

一般而言，大学英语教学内容应具备以下特征：

（1）大学英语教学的内容必须做到科学严谨，信息来源可靠，引证正确，表达规范，语言地道、准确。此外，教学内容应注重与其他学科间的融合。

（2）教学内容应坚持以人为本，以学生为中心，关注学生的实际需要，注重学生的共性与个性，结合学生已有的知识，通过有效的教学，促进学生的英语学习。

（3）教学内容要结合教学实际，使学生学以致用，注重启发学生去独立思考，进行自主学习，着力培养学生积极探索的精神以及解决问题的实践能力。

（4）教学内容应确保是大部分学生的生活或工作所需的基础内容，包括使学生成为一名合格公民所必备的基础知识和基本技能，且具有终身学习的能力。

（5）教学内容应涉及思想情感方面的教育，培养学生的道德品质、科学精神和人文素养，使学生形成科学的人生观和价值观，培养他们强烈的使命感和责任感。

（五）教学方法

对于一门外语课程来说，教学方法对于大学英语教学来说尤为重要。在大学英语教学历史上，有多种教学方法都发挥过重要作用，有效地促进了大学英语教学的发展。这些教学方法包括翻译法、直接法、自觉对比法、听说法、视听法、认知法、功能法，以及由此派生出来的口语法、全身反应法、自然法、暗示法、沉默法、交际法等。

实践证明，没有哪一种教学法是最好的，也没有哪一种方法适用于所有时期、所有地区、所有教学内容。不同的教学法对不同的语言知识、语言技能各有侧重，这要求教师在英语教学中要综合、灵活地运用各种教学方法，这样才能有效地促进学生英语能力的提高以及学生的全面发展。如果教师仅仅采用某种单一的教学法，必然会影响学生的学习效果。

需要说明的一点是，在英语教学中，教师无论选择使用哪种教学方法，都必须以学生的语言交际作为教学的出发点，尽可能使课堂教学贴近学生的实际生活，引导并鼓励学生将所学的语言材料灵活地运用于新的生活场景中。同时，教师应力求使教学过程交际化，选用来自真实生活自然交际且适合学生年龄的教材内容。

（六）教学媒体

随着网络时代的来临和电子信息技术的飞速发展，数字媒体在现代教学系统中的作用越来越重要，各个高校的英语教学条件也因为数字媒体的作用开始产生巨大变化。例如，在课堂教学中，教师除传统的教学用具外，还可以用电脑多媒体等设备播放视频、音频，以此激发学生的学习兴趣，引导学生更为专注地进行学习。此外，教师可以通过教学媒体设备将课程内部教程和课外教学资源进行综合性的教学，用来丰富学生的课外知识，拓宽学生的视野。此外，还能引导学生自主进行网上教育资源的搜索和学习，以方便他们在课后进行知识的巩固。

现在，课外的学习平台、非正式的学习已经逐渐成了学生课外学习的主要内容，学生可以利用这些丰富的学习资源、学习工具，如智能手机、电脑、平板电脑、网络自主学习平台等，结合自身的学习需求和发展需要，进行个性化的课后学习。这些便携性高、易上手的智能终端，也能让学生随时随地地进行学习，利用好自己的碎片化时间。此外，学生在进行自主学习时难免会碰到难点和有疑问的地方，这时他们能借助社交软件与老师和同学进行及时的沟通与交流，这大大提高了学生的学习效率。大量实验结果表明，以文字、声音、图像这三种方式综合开展的多模态的教学与学习的模式能让学生更为积极主动地进行学习。这种多模态的学习方法在大学英语教学中更能起到事半功倍的效果，它能满足学生听、说、读、写、译等多方面的培养要求。此外，多模态学习更为生动、形象的特点，能让学生在进行新知识的学习时减轻其认知负荷、提高学生的学习耐久性和学习效率、增强学习效果。

为了顺应数据信息时代的发展与变革，各大高校在近年来对自身英语教学的校内基础设施进行了多方面的改善，如普及多媒体课堂教学、建设大学英语网络自主学习等。与此同时，各大高校纷纷开始相互借鉴成功的改革案例，建设了具有本校特色的英语专业课程。学校对教学设施、多媒体教学的重视，不仅促进了教学内容更加多元化地开展，也保障了新媒体环境下多媒体、多模态的课堂教学，满足了师生之间、生生之间交互式的课程教学需求，丰富了校园内英语学习的文化氛围。

（七）教学环境

教学环境是英语教学的重要构成要素之一，是满足大学英语教学进行的实际条件。

教学环境主要由三种要素构成：社会环境、学校环境以及家庭环境。英语是一门社会性、综合性、实践性较强的学科，大学英语教学环境对学生的学习活动会产生重要影响。其影响包括以下几方面：

（1）良好的教学环境有利于将先进的英语教育理论成果运用到大学英语教学实践中。

（2）良好的教学环境有利于激发学生学习的兴趣，使学生将学到的知识主动地运用于日常生活中，并从中体验学习英语的乐趣与意义。

（3）良好的教学环境有利于营造轻松、愉快、和谐的学习气氛，有利于发展学生良好的心理状态，使学生积极思考，主动探索，敢于表达自己的观点。

（4）良好的教学环境有利于学生保持积极向上的学习态度，采取正确的学习方法，避免学习过程中受到不良因素的影响。

（5）良好的教学环境有利于拓宽学生的视野，丰富学习资源，促进知识的学习。

（6）良好的教学环境有利于学生英语学习习惯以及英语学习意识的形成。

第三节　大学英语教学的基本原则

一、合理目标原则

教学是一种目的性很强的活动，必须有明确的目标。教学目标不明确或没有教学目标会导致教学成效降低，甚至无效。

结合我国的大学英语教学实践，教师在确定教学目标时应考虑以下因素：

（1）语言知识，即学生在语音、词汇、语法等方面掌握哪些知识。

（2）语言技能，即学生在听、说、读、写、译等方面有哪些提高。

（3）情感态度及价值观，即学生学会判断是非、正误、美丑的标准，提升道德水准。

（4）社会文化意识，即学生扩大视野，了解不同社会的文化背景，增加跨文化交际意识。

（5）学习策略，即学生提高自己在记忆、比较、归纳、类比等方面的能力。

此外，需要注意的是，教学目标的制定不能过于死板、机械，应具有一定的灵活性，可使教师根据实际教学情况加以调整。

二、循序渐进原则

大学英语教学应遵循循序渐进原则。循序渐进包括三层含义。

（1）语言的学习应从口语开始，然后逐渐过渡到书面语。英语包括两种形式：口语和书面语，且口语早于书面语出现。与书面语相比，口语词汇通常较为常用，句子结构简单，学习起来比较容易。学生通过口语的学习可以尽快地获得交际技能，满足日常交际的需要，由此达到了学用结合的目的。

（2）就听、说、读、写等语言技能的培养而言，教师应首先侧重培养学生的听说能力，逐渐过渡到读写技能的培养上。听、说、读、写是英语的四项基本技能，应该全面发展，但在不同的阶段，侧重点应有所不同。听说教学能使学生掌握基础的语言知识，包括语音、词汇、句子结构等，这为读写能力的培养奠定了基础。因此，在大学英语教学的初级阶段，教师应加强“听、说”的教学，然后逐步向“读、写”教学过渡。

（3）英语语言知识、语言技能以及使用语言能力的完成与提高是循序渐进的过程。学习英语是螺旋式发展的过程，需要反复地循环，但这种循环并非单一的重复，每次重复在难度和深度上都有所提高。此外，循环往复要求教学中要做到以旧带新，从已知到未知。因此，教师应以学生已有的语言知识和已熟悉的语言技能为出发点，传授新知识，培养新的技能。

三、真实性原则

在大学英语教学中，教师要实现语言运用真实，应做到以下几方面。

（一）把握真实语言运用的目的

大学英语教学的最终目的是培养学生的综合语言运用能力，这种能力实际上是一种语用能力。这里的语用目的指教学内容体现在语用能力方面的教学目的上，主要表现在以下三个方面：①

（1）语句的语用功能目的。

（2）对话语篇的语用功能目的。

（3）短文语篇的语用功能目的。

（二）采用语用真实的教学内容

在教学开始前，教师应从语用的角度对课文进行详细全面的分析，研究语句使用的真实语境，准确把握课文中所有语句的真实语用内涵，选用语用真实的例

① 鲁子问. 英语教学论（第2版）[M]. 上海：华东师范大学出版社，2009：67.

句与练习，这样可以在教学前指向语用教学，从而保证学生能够获得真实的英语运用能力。

（三）设计组织语用真实的教学活动

对学生语用能力的培养应贯穿于整个大学英语教学过程，因此教师应基于语用真实的指导思想而设计教学活动，将语用能力的培养与呈现、讲解、例释、训练、巩固等课堂教学活动紧密结合起来。

（四）设计语用真实的教学检测评估方案

教学检测评估对教与学都具有重要的反拨作用。设计语用真实的教学检测评估方案，可以找出学生语用能力存在的不足之处，从而对教学进行有针对性的调整与改进。此外，语用真实会引导学生更加自觉地把握学习内容的内涵，强化学生获得运用英语的能力的自我意识。

四、灵活性原则

灵活是兴趣之源。语言是一个充满活力、不断发展的开放性系统。因此，英语教学要遵循灵活性原则。灵活性原则主要体现在以下几个方面：

（一）教师的教学方法要有灵活性

教师的教学方法要有灵活性，具体指大学英语教师在讲授语音、词汇、语法等语言知识和培养听、说、读、写、译等语言技能时要具体问题具体分析，根据不同内容可采取不同的教学方法。

（二）学生的学习方法要有灵活性

教师要指导学生积极探索合乎英语语言学习规律和符合学生生理、心理特点的自主性学习模式，使学生能够自我导向、自我激励、自我监控，综合使用多种练习形式，以提高学习与教学效果。

（三）语言使用要有灵活性

学习语言的最终目的是交流沟通。教师要通过自身灵活地使用英语，从而带动影响学生使用英语。在课堂教学中，教师应尽可能多地用英语组织教学，使学生感到他们所学的英语是“活”的语言。此外，教师可以通过灵活性的作业为学生提供灵活使用英语的机会。

五、兴趣性原则

兴趣是最好的老师。在大学英语教学中，教师应意识到兴趣的巨大作用，尽可能调动学生的情感内因，激发学生对英语学习的强烈愿望，使他们喜欢学、乐于学，以获得更好的教学效果和学习效果。

在大学英语教学中，教师可从以下方面入手来调动学生的学习兴趣：

（1）教师要充分了解学生的特点，尊重学生的主体性。教师必须清楚地认识到学生是大学英语课堂的主体，学生通过积极主动地尝试与创造，才能获得认知和语言能力的发展，教学活动才能达到预期的效果。教师要根据学生的心理和生理特点，遵循语言学习规律，采用多种教学方式，培养学生的兴趣，让学生通过体验和实践进行学习，从而形成语感，提高交流能力。①

（2）改变强调死记硬背、机械操练的教学方式以及传统的英语测试方式。英语学习需要一定的死记硬背和机械操练的活动，但如果机械性操练太多则很容易使学生降低甚至失去学习英语的兴趣。为此，教师应该以学生感兴趣的方式帮助学生获取知识，使他们在获得交际能力的同时，综合素质也得到相应地提高。另外，教师对学生进行评价时，应重视学生的态度、参与的积极性、努力的程度、交流的能力以及合作的精神等。

（3）对教材进行深度挖掘。教师在备课过程中，应认真地研究教材，挖掘教材中学生感兴趣的内容与话题，使每节课都有让学生感兴趣的内容和活动，最大限度地调动学生的积极性。

六、利用母语原则

在大学英语教学中，教师利用母语要求做到以下两点：

（一）利用母语的优势

英语学习是在学生已经熟练掌握母语之后进行的活动。英、汉两种语言在结构和使用上既有相同点，也有不同点。教师可适当运用母语进行教学，使学生更

① 杨雪静．高校英语教学模式创新研究［M］．长春：吉林人民出版社，2019：72.

快地理解英语的一些概念，了解英语结构和规则的特点，同时方便教师与学生之间的沟通。

（二）排除母语的干扰

学习英语是一个十分复杂的过程，而母语的使用习惯可能会给英语学习带来障碍。在大学英语教学中，教师适当使用母语，用母语简单讲授英、汉两种语言在某一结构、某一用法上的差异和特点，有助于学生对比理解母语和英语各自的特点，并明确英、汉两种语言在使用上应注意的问题，避免把母语的使用规则迁移到英语的用法中，排除母语的干扰。

七、关注情感原则

关注学生的情感是大学英语教学要遵循的一个原则。具体来说，教师在教学过程中关注学生情感要做到以下两点：

（一）培养学生形成积极的情感

综合诸多教育专家和学者的观点，培养学生积极情感的具体举措可归纳为两点。

（1）联系学习内容讨论情感问题。在平时的大学英语教学中，教师要注意融入情感态度的培养，针对学生学习过程中出现的具体问题进行具有针对性的引导，帮助学生解决情感态度方面的问题。

（2）建立情感态度的沟通渠道。在课堂教学中，教师要建立起情感态度的沟通和交流渠道，如建立融洽、民主、团结、相互尊重的课堂氛围等。有些情感态度可以集体讨论，有些问题需要师生间进行有针对性的单独探讨。但在沟通和讨论的过程中，教师要注意尊重学生的感受，避免伤害学生的自尊心。同时，情感既有内在的表现也有外在的反映，所以教师必须仔细观察，了解学生的情感态度，以培养学生积极的情感，消除消极的情感。

（二）努力营造良好的教学环境

（1）建立相互尊重、相互理解、相互信赖的新型师生关系。教师既要充当学生学习上的指导者，及时了解并帮助学生克服困难，建立学习的信心；又要做学生生活中的朋友，时刻注意学生的思想动态、家庭情况，必要时对其进行心理指导。

(2) 营造激发学生学习动机和兴趣的轻松愉悦的学习氛围。教师应充分认识到兴趣的重要性，并融入情感因素，努力将学生的兴趣转为稳定且持久的学习动力，有效地促进学生身心健康的全面发展。

此外，教师还应重视动机在学习过程中所起的重要作用。教师如果不能有效地激发学生的学习动机，其教学也不可能达到预期的效果。教师可以按照如前所述，创设良好的交际情境来激发学习动机。因为语言交际活动是在一定的情境下进行的，有了特定的情境，学生就会意识到学习英语的实用性，就会激发起动机去提高自身的英语水平。

第四节　大学英语教学现状与改进对策

一、大学英语教学现存问题分析

随着世界经济快速发展，国际交往日益频繁，大学英语教学得到了快速发展，一些院校也培养了一批英语人才。但是，大学英语教学还存在一些普遍问题，下面笔者将对这些普遍问题做分析。

(一) 信息化教学资源不充足

近年来，信息技术在我国教育领域的应用已经取得显著成效，教育信息化的发展受到了各级政府和教育主管部门的重视。但现阶段的大学英语教学中，信息化教学资源不够充足，信息化技术还没有得到充分运用。

(1) 相关专门性教材资源不足。目前，信息技术与大学英语教学融合，需要相关教材和资源，但市面上相关资源并不充足。

(2) 现有资源不能满足需求。在传统的教学模式下，教师主要依靠纸质材料进行备课和教学工作。但信息技术发展日新月异，纸质材料已无法满足大学英语信息化教学的需求。因此，应该加强网络资源建设和共享力度，并建立相应的反馈机制。

（二）师生互动不够

教师和学生都是大学英语教学过程中不可或缺的，教学效果与师生的参与程度息息相关，不管是教师还是学生，如果参与度低或互动不足，都会让教学效果大打折扣。

当前，大学英语教学并没有达到预期的师生之间的互动结果。现代化的大学英语教学理念的核心思想是，改变传统的以教师教学为主、学生被动接受的教学方式，并逐渐转变为“以教师为主导、以学生为主体”。但想要完成“以学生为中心”这个转变，提高学生的地位，则加强教学中师生间的互动交流势在必行。

（三）教学模式单一

大学英语是我国高校的主干课程之一，在大学课程和学生今后的就业中占有重要地位。大学英语课程是为了培养学生英语技能、综合素质和能力而设置的。目前，大多数高校的大学英语教学模式比较单一，存在着一定问题。

一方面，我国各大高校的多数大学英语教师以传授专业英语基础知识为主，并附带讲解一些英语交际知识。而现在市场所需要的英语精英，不仅要精通英语知识，还需要具备从事各种活动所需的专业知识，只有这样才能在各种交际场合游刃有余。

另一方面，我国现阶段的大学英语课程的教学模式仍以教师为中心，以教师讲授为主，学生被动接受知识，课堂气氛沉闷。这类单一的课堂教学模式严重限制了学生的主观能动性。在这样的环境下，学生不能积极参与到英语实践活动中来；教师也无法对学生进行及时有效的指导，使学生错过了宝贵的实践机会。因此，我国大学英语教学模式单一已成为阻碍我国高校培养高素质、创新型英语人才的重要因素之一。

（四）教学效果评价难度大

传统的教育评价方法相对简单，主要依据期末考试成绩评价学生的日常表现和课堂学习的有效性。在结合现代化的教学方法时，大学英语教学由于要考虑学生的综合素质，以及在线上和线下的学习与反馈，很难对教学效果进行综合评价。

在当今的大学英语教学中，许多教师都在尝试各种各样的教学效果评价方法，其中有些是基于内部测试和评价，有些是基于在线测试和评价。然而，目前还没有较为统一的评价体系，虽然评价方法很多，但对提高大学英语教学质量却效果不一。

二、大学英语教学的改进对策

从目前的情况看，我国的大学英语教育状况并不理想，大学英语教学中仍有许多问题。要想从根本上改变现有的大学英语教学状况，笔者认为，需要从以下方面着手：

（一）全方位建设信息化教学资源

信息化教学资源有广义与狭义之分，广义的信息化教学资源包括教学资料、支持系统、教学环境等组成部分，狭义的信息化教学资源指信息技术环境下承载教育信息的各种资源，即包含教育信息的以数字信号形式存在或出现的可供学与教的信息资源。本书所指的信息化教学资源是狭义的。

信息化教学资源开发要遵循以下原则：

（1）思想性原则。信息化教学资源开发，要始终把握好为党育人、为国育才的大方向，发挥教学资源有效蕴含与表现先进思想的功能，使学生在学习科学知识的同时，接受显性的或隐性的思想政治教育，促进学生品质及精神等的提升。

（2）教学性原则。信息化教学资源要符合教育教学规律，符合学生的认知水平，满足教与学的需求。课程类的教学资源还要符合教学大纲的要求。在内容呈现方面，信息化教学资源要脉络清晰、简明扼要，以合适的媒体形态恰当地表现教与学的内容。信息化教学资源要充分发挥信息技术解决重点、难点和完成特定任务的突出优势，激发学生自主学习和主动学习，促进教与学效率和质量的提升。

（3）科学性原则。信息化教学资源的内容，要正确反映科学原理及客观规律。内容的呈现要符合客观实际，要生动、活泼、有趣，不能违背科学原理，不能迎合低级趣味。资源中的各类演示、操作，必须规范、准确；选用的例证和逻辑推理，必须是科学的、符合客观规律的；所表现的图像、声音、色彩，都要符合科学的要求。

（4）技术性原则。信息化教学资源应符合技术质量标准和资源规范，既要图像清晰、声音清晰、色彩逼真、声画同步，又要运行方便、灵活、稳定，操作简便、快捷，交互性强，导航方便合理，容错性好。开发者要弘扬工匠精神、劳模精神以及协作、奉献、开拓、敬业、勤俭办事的精神，认真钻研并熟练掌握有关技术，精益求精。要充分考虑共享资源在不同平台上运行的需要，要有很好的开放性和兼容性。

（5）开放性原则。教学资源开发要力求做到开发人员开放和内容开放。教学资源开发人员既可以是教育专家、学科专家，也可以是学生及各类有意愿贡献智慧和力量的人，在学习过程中的生成性资源能使资源保持活力。开发既要着眼于正式教育和正规教育，又要顾及非正式教育、非正规教育；要适应泛在学习的需要和终身学习的需求，具有多样性、交互性和可扩展性。

（6）创新性原则。信息化教学资源建设要勇于在理念、内容、技术、模式、形式等方面下功夫，要力求立意新颖、构思独特、设计巧妙，一定要与时俱进，不墨守成规。

（7）高效性原则。信息化教学资源建设要追求效率、效益、效果的统一，力求以较少的财力、物力和人力投入而开发出高质量、高水准的信息化教学资源，提高信息资源建设的绩效。切忌低水平地简单重复建设，应该是为满足教学需求、促进学生发展而建。要周密计划，合理调配人力、物力，避免浪费。

（8）人本性原则。坚持人民至上、生命至上、健康至上，信息化教学资源开发要将服务人的发展放在第一位，研究、设计、开发的资源要确保对人的心理、生理、健康、发展有益，而不能有碍或有损。

（9）引领性原则。信息化教学资源的总量已经很大，迫切需要建设转型，需要建设引领新时代的学习资源。

信息化教学资源建设有共建共享和公建众享两种模式。

第一，共建共享模式。“共建共享”是在一定范围内共同建设、共同享用资源的建设与共享模式，其优势是可以让具有较高能力和水平的人建设资源，能较好地保障信息化教学资源的建设质量；不足是由于谁投资，谁受益，所建资源不能给社会无偿共享使用。

第二，公建众享模式。公建众享指国家财政资金主导建设信息资源，建设后的教学资源原则上不加限定地供学生广为享用。公建众享模式与我国的信息化建设导向是一致的。教育在我国是公益性事业，政府通常承担着基本公共服务责任，因此，公建众享有助于政府更好地履行基本公共服务责任，更好地促进教育公平。

（二）重视学生地位，增进师生关系

1. 高度重视学生地位

学生是学习的主体，而传统的教学模式对教师主导作用的重视程度比较高，将教学过程片面地归结于教师的教，而忽视学生的学，使得学生在教学过程中处于被动地位，对学生主观能动性和能力的培养十分不利。

现阶段，随着“以学生为中心”教学理念的逐步深入，传统意义上的师生关系有了较大程度的变化，师生的地位也有了一定的改变。在新的教学观的影响下，教学模式也发生了一定的改变，主要表现为由“教师中心”教学模式向“教师主导，学生主体”的教学模式发展。新的教学模式更加重视学生在教学活动中的主体地位，这对于学生创新能力、自学能力、探索能力的培养较为有利，在一定程度上能调动起学生学习的能动性和积极性。

“教师主导，学生主体”的教学模式与现代人才的培养理念是相符的，适应了社会和时代发展的需要，必然会成为未来教学模式的一个重要发展趋势。

2. 增进师生关系

当下的教学模式总体上克服了教师中心论和学生中心论的偏激教学理念，摆脱了传统教学模式中过分强调教师权威作用的思想，主张发挥学生学习的主动性与积极性，同时对教师在整个教学过程中的引导作用进行了充分肯定。这种转变使师生关系以及角色定位发生了改变，具体表现为课堂气氛融洽，师生关系和谐。

对于教师来说，教师需要在教学的过程中主动承担起挑选教学内容的任务，教授给学生的知识应该是经过教师精心挑选的、较为基础的知识，以及明确的、具有典型性的事例，进而使教学的范例发挥其应有的作用与效果，使学生在学习中以点带面、举一反三、融会贯通地掌握各种知识，顺利实现学习的迁移以及知识的有效运用。这有利于改变教学内容庞杂的现象，能充分调动学生学习的积极性和主动性，有利于达成教学目标。

（三）深化理论研究，丰富教学模式

1. 精细化理论研究

精细化是教学理论研究的必然趋势。优秀的教学理论和良好教学规律对英语教学具有重要的指导作用。研究英语教学理论的目的是既能更好地指导英语教学实践，也能起到对大学英语教学实践进行总结的作用。如果没有理论研究，又或者缺乏教学实践，那么整个英语教学过程就会失去意义。因此，必须将大学英语教学的理论研究与实践研究相结合，以加强理论研究的力度与成效，这是当前和未来一段时间内促进英语教学过程日益科学化的关键，也是大学英语教学科学发展的关键。

具体来说，与精细化大学英语教学相关的理论研究主要集中于两方面：

第一，对大学英语教学理论的研究必将从对一般教学的研究走向学科教学的研究，再到课堂教学的研究。

第二，对大学英语教学理论的研究趋于细致化，不仅包括学期教学，还有单元教学和课时教学。

2. 探索新的大学英语教学模式

（1）活动性教学法。

第一，倡导“以学生为中心”的教学理念，促进师生间的交流和协作。在大学英语课堂教学中，教师要重视对学生自主学习能力的培养。通过小组讨论、角色扮演、项目合作等多种方式，鼓励学生积极主动地参与，在合作中互相学习，共享知识，提升自己的语言表达能力。

第二，创设真实的语言使用情境，让学生亲身体验思政教育环境。在课堂教学中，教师要营造真实的语言使用情境，并利用丰富多彩的思想政治教育资源，在学生心中引起共鸣。教师可设计情境模拟活动、革命实地考察、红色社区服务等活动，使学生在现实生活中用英语进行文化宣传，用英语“讲好中国故事”，在英语的沟通与实践中弘扬中华优秀传统文化，增强其实际语言运用能力。

第三，提高学生的综合语言运用能力。“活动性”教学强调对学生语言运用的全面发展。在大学英语教学中，教师应根据不同的需要，通过多种形式的教学活动，培养学生的综合语言运用能力。比如，通过课文讨论、演讲比赛、写作任务等来培养学生各方面的能力。

（2）技术支持的教学模式。

第一，通过使用5G终端、虚拟及其他信息技术推动学习。以科技为支撑的教学模式，充分运用了电子白板、多媒体教学软件、在线学习平台、智慧教室、大数据测评等多种信息技术手段，为学生提供了丰富的学习资源，实现了多样化的学习方式。在大学英语教学过程中，教师应充分运用多媒体技术，提高学生的学习积极性和主动性。

第二，5G网络资源的使用与共享。5G网络技术的应用，充分挖掘了网络课程、学术论文、英语学习网站、雨课堂和学习通等丰富的网络资源，为学生提供更多的学习素材。大学英语教师可以指导学生积极地查找、使用英语的知识资源，扩大学生自身的知识面，提高自身对祖国的认识和了解，增强民族自尊心和文化自信。

第三，构建网上教学平台。以信息技术支持的教育模式，可以搭建新型的网络教育平台，为学生提供网上学习和交流的场所。通过网上课程、讨论区、提交作业等方式，学生可以互相学习、互相交流，从而提高学生的学习效率。

（3）实践性教学模式。

第一，重视实践性和应用性。大学英语实践教学模式注重把所学到的理论知识运用到现实生活中。通过实验、案例分析、实地考察等方法，让学生在现实生活中运用英语，提高其解决问题的能力，增强学生对英语的实际应用能力。

第二，为学生提供实际运用英语的机会。实践教学的重点是给学生创造实践的机会。在大学英语教学过程中，教师可通过开展中西文化异同辩论赛、红色演讲比赛、红军故事角色扮演等多种形式，使学生能够在实际情境中运用英语进行口语交际，从而增强其语言运用的流利性和表达力。

第三，融入社会实践和跨文化交流。大学英语实践性教学是一种促进学生参加社会实践、跨文化交际的有效途径。通过参观社区红色展品，与外籍教师进行文化差异与异同交流，参与国际交流项目，推广中华优秀文化，可以让学生开阔眼界，增长跨文化交流的经验，增进其跨文化交流与思考的能力。

上述对大学英语教学模式的创新探索，可以在一定程度上激发学生对英语的学习兴趣，增强他们的语言运用能力以及跨文化交际能力，从而使他们得到更好的发展。

（四）建立多层次评价体系

教育评价制度不仅包括学生的评价，而且包括对整个教育系统的评价，在目标、任务、规章制度、教育实施、教学效果等诸多方面。大学英语教育不仅涵盖传统教育评价的所有方面，而且提出了评价实施程度的要求。现阶段，大学英语教育体系和实施过程复杂多样。大学英语教学评价制度的特点是：①评价内容的多样性；②评价工具和方法的多样性；③评价标准的多样性。

多层次评价体系是大学英语教育共同体的重要组成部分。构建多层次评价体系应特别注意四个方面：①评价体系应包括课前预习、课堂评估和课后复习三个阶段；②评价体系需要一个动态的反馈机制；③评价体系不仅需要考查成绩，更需要考查对学习的兴趣；④必须建立一个评价系统，以对课程设置进行适度的调节。

第二章　教育信息化及其对大学英语教育现代化的推动

第一节　教育信息化的内涵与建设

一、教育信息化的内涵分析

（一）教育信息化的定义

教育信息化的核心是使信息技术在教育教学中发挥重要作用，而信息技术本身的发展具有两大特点：一是信息技术的高速发展，分别表现为计算能力提升、网络价值扩展和使存储能力不断刷新的摩尔定律、梅特卡夫定律和克拉底定律，是信息技术高速发展的最好诠释。[①] 二是信息技术家族的持续拓展，即信息技术家族的成员数在不断增加，开始仅仅是计算机，到后来的多媒体、网络，再到移动通信、物联网、AR/VR（增强现实/虚拟现实）、3D 打印纷纷出现，让人目不暇接、眼花缭乱，人工智能更是突飞猛进，其应用领域不断扩大。人们对信息化、教育信息化的认识不断加深，期望也不断加大，相应地，教育信息化的定义

---

① 陈琳，文燕银，张高飞，等．教育信息化内涵的时代重赋［J］．电化教育研究，2020，41（8）：102-108.

也处于持续不断的发展与完善中。

祝智庭认为，教育信息化指在教育过程中比较全面地运用以计算机多媒体和网络通信为基础的现代化信息技术，促进教育的全面改革，使之适应于正在到来的信息化社会对于教育发展的新要求。[①] 教育技术学泰斗南国农认为，教育信息化指在教育中普遍运用现代信息技术，开发教育资源，优化教育过程，以培养和提高学生的信息素养，促进教育现代化的过程。[②] 杨晓宏等认为，教育信息化是指在国家及教育部门的统一规划和组织下，在教育系统的各个领域全面深入地应用现代信息技术，加速实现教育现代化的过程。[③④] 李克东教授认为，教育信息化是指在教育与教学领域的各个方面，在先进的教育思想指导下，积极应用信息技术，深入开发、广泛利用信息资源，培养适应信息社会要求的创新人才，加速实现教育现代化的系统工程。[⑤] 以上教育技术专家对教育信息化的定义，无论是工程说、过程说，还是要求说，都明确了教育信息化与信息技术的关系：现代信息技术的教育应用，强调教育信息化是动态的持续的发展过程，凸显数字资源在教育信息化中的重要地位，并反映了当时国家对教育信息化的定位、对教育信息化的期待——促进或加速实现教育现代化。

（二）教育信息化定义新诠释

教育信息化要很好地支撑引领教育现代化，必须科学界定时代化的教育信息化是什么，否则无法实现教育信息化的宏大使命，为此，在教材编写过程中，陈琳等提出教育信息化的新定义：教育信息化指在先进的思想指导下，在教育领域充分而有效地运用现代信息技术，建资源、构平台、拓空间、筑体系、创模式，促进教育改革，促进师生的全面发展和创新发展，促进教育公平，促进教育质量提升，支撑引领新时代教育现代化加速实现。

新定义对教育信息化进行了重新诠释，其特点在于对以下几点的“强

---

① 祝智庭．教育信息化：教育技术的新高地［J］．中国电化教育，2001（2）：5-8.

② 南国农．教育信息化建设的几个理论和实际问题（下）［J］．电化教育研究，2002（12）：20-24.

③ 杨晓宏，梁丽．全面解读教育信息化［J］．电化教育研究，2005（1）：7.

④ 张玉玲，周勇．信息化环境下高校教育技术部门的新定位［J］．软件导刊（教育技术），2011，10（10）：53-55.

⑤ 李克东．教育信息化将带来教育革命性变革［J］．中国远程教育，2011（16）：46-49.

调”：①强调先进的思想指导；②强调在教育领域充分而有效地运用现代信息技术；③强调建资源、构平台、拓空间、筑体系、创模式；④强调新时代教育现代化。[①]

很显然，新的教育信息化定义与经典定义间是继承与发展的关系，新定义所确定的目标更高，赋予教育信息化工作者的使命更大、任务更重，体现了新时代的要求。

践行立于新时代的教育信息化新定位，需要从事教育信息化的人有更大情怀、更大担当、更多智慧、更高水平、更强能力。大力践行按此定义发展的教育信息化，可使信息技术对教育的革命性影响得到更好发挥。

二、教育信息化的建设

（一）教育信息化资源建设

1. 信息化教学资源的种类

信息化教学资源通常分为教学课件、微课、网络课程、虚拟仿真系统、教学案例等几大类。

教学课件指根据教学需要，在一定的学习理论指导下经过教学设计，以多媒体形式表现、具有良好结构、能够满足单元或知识点教与学需要的软件。

微课是针对知识点或围绕单一学习主题设计、开发的情境化、以短视频为载体的课程数字资源，具有微型化、主题化、碎片化、可视化、泛在化、易控化等特点，其本质精髓在于短小精悍、易掌握、高效率，得其精华，有利于建构。

网络课程是基于网络实施教学活动的课程，具有交互性、共享性、开放性、协作性和自主性等基本特征，由符合网络学习的特点、按照一定的教学目标组织起来的课程教学内容、课程教学网络支撑环境以及基于以上两者开展的网络教学活动构成。

虚拟仿真系统指运用虚拟仿真技术开发的用于特定技能训练的软件。我国高校系统在此基础上将其发展为国家虚拟仿真实验教学项目、虚拟仿真实验教学一

① 陈琳，文燕银，张高飞，等．教育信息化内涵的时代重赋［J］．电化教育研究，2020，41（8）：102-108.

流课程。

教学案例指记录教育教学过程中所发生的教学活动及具有典型意义事例的资源，可用于教师总结教学经验、开展教学研究、促进教学水平提高。教学案例通常包括教学设计方案、教学课件、课堂视频实录、教学反思等部分。

2. 国家级优质信息化教学资源及其平台

在国家的教育信息化建设中，我们清楚地认识到，信息化教学资源要把教育改革和发展作为最根本的需求，将重点放在为教师和学生的教育与学习服务上，以资源建设和共享来推动教育公平，提高教育质量，并持续不断地开发适应新的技术条件的新型教育资源，开发能够促进教与学的方式不断改革的资源，而且特别重视优质信息化教学资源及其平台建设。

（1）国家级优质信息化教学资源。我国信息化教学资源建设，大体经历了四个阶段：一是以计算机辅助教学课件为主的建设阶段；二是以资源库为主的建设阶段（建设多媒体素材，并按照学科教学要求组织起来构成资源库）；三是以网络教学资源为主的建设阶段（出现了互联网资源库、网上开发工具、网上教学研究社区等多种形式的教育资源）；四是以移动和在线课程资源为主的建设阶段。

在教育信息化的不同建设阶段，我国通过组织全国性的优质资源建设或开展资源竞赛从而调动教师建设信息化教学资源的积极性：1998 年，启动全国多媒体教育软件大奖赛；2000 年，启动“新世纪网络课程建设工程”；2003 年，启动国家精品课程建设；2003 年、2004 年、2006 年开展全国教师教育优秀课程教材资源征集、遴选、展示活动；2010 年，开始全国高等职业教育专业教学资源库建设；2011 年，启动国家级精品资源共享课、国家级精品视频公开课建设；2012 年、2013 年，在全国范围内开展优质数字教育资源征集活动；2014 年，开始实施“一师一优课、一课一名师”活动；2015 年，出台《教育部关于加强高等学校在线开放课程建设应用与管理的意见》；2018 年，启动国家虚拟仿真实验教学项目建设；等等。通过这些举动，我国建设了一批又一批国家级的优质信息化教学资源。

（2）国家级优质信息化教学资源平台。我国既组织建设优质信息化教学资源，又组织建设聚集优质信息化教学资源的平台，让优质资源以品牌性平台支持服务于广大师生教与学。

面向高等教育的优质信息化教学资源平台主要有爱课程、大学数字图书馆国际合作计划（China Academic Digital Associative Library，CADAL）、全国高校教师网络培训中心等。

CADAL 以数字化图书期刊为主，覆盖所有重点学科的学术文献资源，拥有中外文图书、期刊、报纸、论文以及音视频资料等数字资源约 270 万册（件），其中民国期刊、民国图书和古籍共计 57 万件，是检索清末、民国图书（包括期刊）的首选电子图书数据库。古籍、外文图书对所有用户全部开放，注册用户可免费通过数字借阅模式借阅大量无版权的其他文献资源。资源覆盖理、工、农、医、人文、社科等多种学科。

在教育信息化发展进程中，面向高等教育信息化教学资源优质平台，还有大学数字博物馆，其旨在通过对高校图书馆各种重要文物和标本的收集、保护、展示，建设数字化图书馆体系，开展现代化教学科研科普宣传，促进高校网络公共资源建设，建立地球科学、生命科学、人文艺术以及科学技术四大领域的数字博物馆群。

3. 信息化教学资源的建设趋势

信息化教学资源建设必须是与时俱进的，在可预见的一段时期内，信息化教学资源建设将在如下方面重视和加强：①建设服务创新人才培养的资源；②建设与新时代内容匹配的资源，以适应新知识、新技术、新发展、新业态不断涌现的新发展需要；③建设系统化资源，而不是有什么就吆喝什么；④以极致思维建设极品质量资源，甚至以拍电影大片的理念和思路建设教学资源，以与高质量发展时期相匹配；⑤立足于建设引领性资源；⑥建设真正服务于学习的资源；⑦建设新形态资源，如 VR/AR 的教学资源、全息呈现的全景资源、立体资源（包括 3D、4D 资源）；⑧建设融合性资源，包括跨学科资源、虚实融合的资源。除此之外，还要展示各类竞赛的资源。[①]

① 陈琳，文燕银，张高飞，等．教育信息化内涵的时代重赋［J］．电化教育研究，2020，41（8）：102-108.

从以上信息化教学资源建设将要重视和加强的方面可知，随着时间的推移，资源建设的挑战性越来越大，教育技术学专业的学生相应地要练就超强的新本领。

（二）信息化教学环境建设

信息化教学环境是利用现代信息技术所创建的教学环境，包括在信息技术条件下直接或间接影响教师“教”和学生“学”的所有条件和因素。①

1. 信息化教学环境的构成

信息化教学环境是庞大复杂的系统，这导致了其分类的多样化，但通常认为信息化教学环境由硬件环境、软件环境、教学资源、人文环境、教学队伍五大要素构成，每个要素都有着丰富的内涵。由于教学资源的内容已在前文进行了探讨，以下仅探讨其他四大要素：

（1）信息化教学硬件环境。信息化教学硬件环境是智慧时代教育现代化的基础条件，且处于不同发展阶段的教育信息化，信息化教学基础设施差异非常大。21 世纪初，信息化教学基础设施的建设重点是多媒体教室、电子阅览室、语音室；“十一五”期间，校园网是信息化教学基础设施的主体；“十二五”“十三五”期间，信息化教学基础设施的建设重点，是实现“宽带网络校校通”，以及建设移动校园、数字校园，建构泛在学习空间；“十四五”期间，信息化教学基础设施的建设将转向智慧教学环境建设。在国内教育信息化的软硬件环境中，建立国家级的虚拟模拟实验教学平台尤为重要。虚拟模拟试验通过虚拟技术、多媒体技术、人机交互技术、数据库技术和网络通信技术来实现真实的实验中不具备或难以完成的教学功能。在高风险或极端条件下进行不可逆的、高成本、高消耗的作业时，虚拟现实技术还可以提供可靠、安全、经济的实验环境。

（2）信息化教学软件环境。信息化教学软件环境主要包括各种教学系统平台、管理环境、信息标准体系、安全保障体系、教学工具系统等。

信息化教学系统平台是教师和学生实施教与学活动的舞台，是为师生信息化

---

① 刘骋．信息化环境下课堂教学效果的影响因素解析［J］．武汉职业技术学院学报，2021，20（5）：3-4.

教与学提供服务的软件系统，分为学校层面的信息化教学系统平台和区域层面的信息化教学系统平台。高等教育的信息化教学系统平台主要建立在学校层面上，基础教育主要建立在区域层面上。教学需要的是先进、可靠、简单、实用的教学系统平台，教师利用它可以方便地设计课程、准备课程、制作教学课件，以及指导、辅导学生学习，检查学生的学习情况并及时对学生进行科学的评价。学生在上面可方便地获得各种所需的学习资源，进行个性化学习和协作性学习。

建立健全各类信息系统运行服务的管理规范，是信息化教学的制度性保障。学校层面上的信息化教学管理制度与规范建设，包括管理类规范（从学校管理的角度制定的规范）、信息服务类规范（从信息服务的登记、管理、运行、维护各个方面建立的规范）、技术类规范（从技术的角度保障网络与信息系统正常运行的规范），以及对人员与岗位职责的规定和运行维护的技术流程管理规定等。国家及省市层面的信息化制度与规范，包括学分银行的规定、移动学习技术标准、网络课程规范等。[①]

随着信息技术与教育教学的深入融合，信息化教学工具层出不穷。各种教学工具借助网络开放、共享和传播平台帮助教师与学生变革教与学的过程、方法和策略，并深刻地改变着学生的认知活动和思维方式。[②]

（3）信息化教学人文环境。信息化教学人文环境主要包括现代教育思想、理念和意识，教育信息化政策与法规，信息化教学氛围，信息化学习风气，信息化学习文化与道德体系等。要通过信息化教学人文环境建设，使人们树立正确的教育信息技术观，构建新型教学模式。

（4）信息化教学队伍。信息化教学队伍是信息化教学环境中的能动因素、核心要素，是信息化教学研究开发、应用推广、服务管理、实际应用的主体。信息化教学队伍包括信息化的领导与管理队伍、信息化教师队伍和信息化教学支持队伍。

---

① 苏福根，覃家君，陈高润，等．构建信息化教学环境，推进教育信息化［J］．实验技术与管理，2010，27（11）：279-282.

② 王松涛，沈宝国．构建泛在信息化教学环境在促进教育教学改革中的应用［J］．数字技术与应用，2021，39（12）：5-7+11.

2. 信息化教学环境建设的核心任务

“十四五”时期，将重点推动如下方面的建设：

（1）“三个课堂”建设。

第一，专递课堂。主要是为了解决农村地区基础差、师资短缺，不能充分解决国家规定的课程问题。通过互联网，根据教学进度，可以推荐适当的优质教育资源等，协助他们开好国家规定的课程，促进教育的公平和均衡发展。“专递课堂”的重点是专业。

第二，名师课堂。构建“互联网学习社区”，发挥“名课”示范效应，积极探索互联网下的教学科研新模式，以高质量教师带动一般教师成长，实现更广泛的名师资源共享，推动教师专业成长。“名师课堂”以分享为核心。

第三，名校网络课堂。其目标是有效缩小区域、城乡和校际之间的教育质量差距，由优质学校作为主导，利用网络学校、网络课程等各种形式，系统、全面地推动区域或全国范围内的优质教育资源共享，以实现对学生个性化发展和高品质教育的需要。“名校网络课堂”注重开放。①

（2）智慧学习环境建设。在飞速发展的人工智能技术的支持下，构建有利于人工智能发展的智慧教育生态，是教育信息化的重要发展趋势。根据5G技术的发展趋势，面向全时域、全空域、全受众的智能学习新需求，以提升知识的传授、能力的培养和素质的提升为中心，以国家精品在线开放课程、示范性虚拟仿真实验教学工程等为载体，强化海量智能教学资源的建设，加速在线智能教室、智能实验室、虚拟工厂（医院）等智能学习空间的建设，并结合区块链、大数据等新技术，探索智能学习效果的记录、传递、交换、认证等有效途径，构建泛在化、智能化的学习体系，推动信息技术与智能技术深度融合。②

在智慧学习环境建设中，必须解决真智慧的问题。

智慧教育的智慧包括创新智慧、开放智慧、融通智慧和智能智慧。

第一，智慧教学环境的创新智慧。它包括两大“支持和服务”：①支持和服务教育方式、教育模式和流程的创新、重构和再造；②全面支持创新型人才的培

① 丁玉祥. 智慧教育环境下有效备课的组织与实施［J］. 数字教育，2022，8（4）：46-54.
② 陶春. 宋毅. 高等教育的“变轨超车”［J］. 中国教育网络，2018（5）：19.

养与提升。

第二，智慧教学环境的开放智慧。主要体现在三方面：①支持学校形态走向开放；②支持教师走向开放；③支持学分开放。

第三，智慧教学环境的融通智慧。主要体现在三方面：①支持实现虚实校园高度融合；②支持实现师生内外脑融合教与学；③支持实现师生跨学科融通。

第四，智慧教学环境的智能智慧。主要体现在三方面：①发展和利用智能化学伴；②开展智能化助教、智能化辅导等试验；③进行智能化管理，尤其是进行智能化学习分析。

智慧学习环境建设，至少着眼于以下转变：

第一，学生学习方式转变。将单纯“消化”书本知识的学习方式，转化为线上线下结合的体验式学习、项目式学习、小组合作学习，以及以自主学习为主流、导向创新创造的学习方式。

第二，教师角色转变。以人工智能取代教师知识性教学的部分角色，让教师相当程度上摆脱批改作业、评阅试卷的重复性劳动，转化为与人工智能高度协同从事个性化引导、素质与创新能力培养的角色。

第三，课堂形态转变。将单一、相对固化的课堂形态，转化为由远程专递课堂、网络空间教学、异地同步教学、翻转课堂、双师教学、基于设计的学习、引导式移动探究、协同知识建构、能力导向式学习构成的多元学习形态，使学习更加充满张力与活力，促进学生个性化成长和全面发展。

第四，评价体系转变。全程采集、记录、分析学生的学习过程，改变过去单一的评价模式为全程、多元的全面评价模式，破除应试教育对教育整体跃迁的阻碍，释放智能/智慧教育对创新人才培养的巨大潜能。

（3）新型教育信息化平台建设。建设“互联网+”的综合大平台，引进“互联网+教学”的服务方式，将各级教育资源的公共服务平台与支撑系统集成起来，实现资源平台、管理平台的互通、衔接与开放，构建国家数字教育资源公共服务平台。①

---

① 李先花，罗蓉，王丽，等．科技查新服务平台的信息化建设研究：以 W 大学科技查新站为例［J］．武汉理工大学学报（信息与管理工程版），2023，45（4）：625-632.

第二节　教育信息化对大学英语教学的影响与挑战

一、教育信息化对大学英语教学的影响

随着教育信息化技术的不断发展，教育信息化技术在高校教学中发挥着越来越重要的作用。如何借助教育信息化技术提高大学英语教学水平成为当前教育领域的热点问题。本节以教育信息化为视角，探讨了教育信息化对大学英语教学带来的影响，以期能够对提升大学英语教学水平提供有益参考。

（一）丰富教学资源

电子信息技术是现代教育技术领域中最重要和最有发展前景的研究领域之一。随着计算机技术和网络通信技术的快速发展，互联网已经成为人们生活中必不可少的一部分。在教育领域，教育信息化是互联网时代教育改革和创新的必然趋势。将教育信息化技术应用于大学英语教学中，不仅能够丰富课堂教学资源，而且可以有效地促进学生学习效率和学习效果的提升。

（二）优化教师知识结构

传统大学英语教学模式主要采用课堂讲授法，这种方法不仅效率低下，而且难以使学生牢固掌握知识，课堂上容易出现“满堂灌”现象。在互联网时代，教师可以充分利用网络资源丰富自己的知识结构，而且通过网络收集更多有关大学英语方面的资料并将其运用于课堂教学中。此外，教师可以充分利用教育信息化的优势，帮助学生了解当前国际的最新发展趋势；利用网络平台来布置作业、布置测试题等。

（三）提高学生自主学习能力

在传统的大学英语教学中，由于教材内容枯燥、教学方式单一等，学生自主学习能力较弱，上课时很难集中注意力。教育信息化的发展使学生可以通过手机或电脑等工具获取丰富的教学资源和信息。此外，教育信息化时代学生还能通过

网络平台解决在大学英语学习过程中遇到的问题，提高学生自主学习的积极性和主动性。

通过各种在线学习资源进行自主学习已经成为当代大学生的一种新型学习方式。例如，在美国麻省理工学院开设的“英语与数学”在线课程中，教师向学生介绍了著名数学家高斯的生平、贡献和成就，同时介绍了与数学有关的各种课程知识，如微积分、线性代数和概率论等。教师通过在线平台让学生进行了“我是数学家”的主题活动。在整个活动中，学生要先在平台上创建个人资料，然后在线填写调查问卷。在线完成“我是数学家”的主题活动后，学生可以在平台上上传自己的数学作品和研究成果。美国麻省理工学院的在线课程注重培养学生的自主学习能力和创新能力，让学生在学习中培养自己的独立思考能力、分析问题和解决问题能力、沟通协作能力、自我管理能力和批判性思维。在该课程中，教师把数学教学和实践教学有机地结合起来。对于在平台上开展的主题活动，学生可以根据自己对数学的兴趣来选择是否参与其中，如果是数学高手，可以选择参加数学竞赛活动；如果是数学新手，可以通过参加“我是数学家”活动来提高自己的数学技能；如果是数学能力很差的同学，还可以通过学习平台上的相关内容来提高自己的数学知识。

（四）提高教学效果

传统大学英语教学模式主要采用课堂讲授法，这种方法虽然能够帮助学生掌握相关知识，但存在着耗时耗力、容易产生疲劳等问题。在教育信息化时代，教师可以充分利用网络平台丰富课堂教学内容和方式，通过网络平台开展讨论和互动交流等活动，从而激发学生的学习兴趣和热情，促进学生综合能力的提升。同时，教师可以在教育信息化时代利用网络平台开展大学英语测试活动。此外，教师可以利用教育信息化技术开展调查和统计分析活动，从而了解学生对知识的掌握程度以及存在的问题。这样可以有效地帮助教师及时调整教学方法和策略，从而不断地提高大学英语教学效果。

总之，将教育信息化的相关技术应用于大学英语教学中是当前教育改革和创新的必然趋势。只有通过不断探索和实践才能充分发挥教育信息化技术在大学英语教学中的作用。因此，大学英语教师必须紧跟时代步伐，不断学习现代教育理论知识和先进的教育技术手段以促进大学英语教学工作的发展。

二、教育信息化为大学英语教学带来的挑战

教育信息化为大学英语教学带来了很大的挑战，在新时代下如何利用教育信息化提高大学英语教学质量，是每个高校教师都应该思考的问题。

（一）改变教学理念

随着互联网的发展，很多高校开始使用“智慧校园”系统，利用教育信息化技术为教学提供服务。教育信息化技术能够促进高校教学模式的改革，在这个过程中，教师与学生间的关系发生了很大变化。在传统的教育过程中，教师是教学活动的主导者，学生是学习活动的被动接受者，教师与学生之间存在着明显的对立关系。而在教育信息化环境下，学生可以通过网络学习、交流、互动等方式主动参与到教学活动中来，教师不再是唯一的知识传播者和教学主导者。

传统教学模式下，学生要想了解专业知识和专业技能等则需要去学校学习。而在互联网环境下，学生可以利用教育信息化相关平台上丰富的学习资源来掌握更多的知识和技能等。此外，教育信息化技术还可以为学生提供更多交流互动的机会。

在传统教育过程中，师生之间是一种相对静止的关系，教师主要负责教学活动的组织和引导工作；在教育信息化背景下，师生之间可以通过网络进行交流互动等。

在教育信息化背景下，教师不再是教学活动的唯一主导者。虽然现在很多高校仍然采用传统教学模式进行大学英语教学工作，但在教育信息化背景下，教师必须改变自己的教学理念和教学方法。

（二）对教师提出了更高的要求

教师的专业技能和综合素养也是影响大学英语教学效果的重要因素。在传统的大学英语教学中，教师往往只注重基本的英语知识和语言技能的传授，忽视了对学生自主学习能力和创新意识的培养。教育信息化的发展和应用为教学提供了丰富资源，教师在教学过程中可以将自己在日常工作中收集到的各种案例、专业文献，以及相关视频、图片、音频等内容结合起来，与学生一起分享和讨论。在分享学习过程中，教师可以充分调动学生学习的积极性，引导学生自主地分析问

题、解决问题，同时可以培养学生运用英语进行有效交流的能力。教师还可以通过对相关案例或者视频等资料的分析与归纳，让学生了解到不同国家和地区间文化上的差异，培养学生跨文化交流的意识与能力。

由此可见，教育信息化为大学英语教学提供了丰富的资源和便利，同时对大学英语教师提出了更高要求。首先，教师能够熟练运用现代化教学工具和多媒体设备；其次，教师要充分认识到教育信息化相关平台和技术是一种新的教学工具，要不断学习、不断更新自己的知识体系；最后，教师要在平时工作中善于积累并学习运用各种专业英语知识。

（三）传统教学模式的转变

教育信息化相关平台和技术的使用为大学英语教学提供了极大便利，同时使得大学英语教学模式发生了巨大变化。

传统的教学模式以教师为中心，以课堂为中心，教师要精心准备课堂的导入、过渡、小结和练习，并且根据课堂教学的内容精心设计每一项练习，然后用PPT或板书把每项练习以最完美的方式呈现给学生。但是，随着教育信息化相关平台和技术的发展与广泛应用，教学模式逐渐发生了改变。

教育信息化技术为我们提供了一个丰富、便捷的学习资源平台，它是我们进行知识学习和交流的重要工具之一。教育信息化相关平台上有很多资源可供我们参考学习，如各种多媒体课件、教学视频、网络课程等，这些都是学生进行自主学习的重要资料。

随着信息技术在教学中的应用越来越广泛，学生在课堂上所接触到的教学资源越来越丰富，传统的教学模式不再适应教育信息化时代对教育教学提出的要求。

在传统课堂上，教师是课堂教学过程中最主要的因素，要结合学生现有知识水平和掌握能力进行授课。随着教育信息化技术的不断发展和普及，教师可以借助互联网平台采用学生分组讨论或者分组互动学习等教学方式。

在传统课堂上，教师主要以传授知识为主。在教育信息化时代下，学生可以通过相关网络平台获得更多更好的学习资源和信息。例如，学生可以通过相关网络平台查找更多关于英语方面的资料信息和最新动态、可以通过相关网络平台进行大学英语课程相关视频学习等。

因此，我们需要转变传统的教学模式，以适应教育信息化时代的发展。

（四）教师授课方式挑战

在教育信息化时代，教师授课方式发生了重大变化，传统的课堂讲授方式已经被多媒体、网络教学所取代，教师将通过在线课程（如慕课、微课等）给学生提供丰富的学习资源，同时将传统教学中教师“教”和学生“学”的方式转变为教师“导”和学生“学”的方式。教育信息化的发展对教师授课方式带来的挑战主要体现在以下两个方面：

第一，从信息传递的角度来看，教育信息化的发展提供了丰富而翔实的信息，能够帮助学生更好地获取知识。例如，通过慕课学习大学英语基础知识，通过微课学习大学英语口语、写作等内容，通过网络直播平台进行远程互动教学，教师在网上完成教学活动。另外，微课、慕课等在线课程是面向大众开放的，任何学生都可以通过网络获取教学资源。这使教师在备课过程中有更大的自由度和灵活性，可根据学生需求设计相应的课程。

第二，从师生互动的角度看，教育信息化背景下教师与学生之间不再是被动、单向式地传递信息，而是以双向互动、多向互动为主的交互活动。在大学英语教学过程中，教师与学生间可以通过信息化平台进行交互对话，使教师与学生间形成一种新的互动关系。因此，教育信息化的发展为师生间交流提供了新平台和新环境。在这种交互活动中，教师既是信息的提供者，也是信息的接收者、反馈者，同时也是学生。

第三节　教育信息化推动大学英语教育现代化发展

一、教育信息化推动大学英语教育现代化的具体策略

（一）战略指引

战略指引可以为大学英语教育信息化提供科学的发展方向。战略指引是我国

自改革开放起就形成的电化教育、教育技术、技术变革教育的特色策略。制定战略，需要极大智慧，我国大学英语教育信息化战略的制定，体现了中国人善于把握时代大势、立于时代统领全局发展的大智慧。

大学英语教育信息化的本质是借新兴的技术之力提升大学英语教育与变革大学英语教育，而我国技术变革与提升大学英语教育的集中探索并非始于大学英语教育信息化，而是始于改革开放。改革开放后教育领域的技术变革，始终贯穿了以战略指引航向，以战略举旗定位，以战略激发斗志，以战略凝聚力量，“战略”是我国大学英语教学改革不断向前发展的关键所在。

我国在技术变革教育方面先后产生了前后呼应的三代战略：一是改革开放之初就开始并持续 20 年实施教育优化方案；二是 21 世纪伊始，我国提出了“以教育信息化带动教育现代化”的发展战略，并在此基础上提出了新的思路；三是在人类从信息化到智能化发展的过程中，提出了“用教育信息化来推进教育现代化”的战略构想。三代战略环环相扣，层层推进，久久为功，推动着我国技术变革教育不断跃上新高度，且始终在正确的方向上前行。①

（二）育人为本

1. 育人为本为首位策略

育人为本策略是大学英语教育信息化将支持服务于人的发展放在第一位的策略。以人为本是我国信息化的出发点，具有更深层次内涵的育人为本是我国大学英语教育现代化追求的新方向。育人为本体现了对大学英语教育规律的科学把握以及对受教育者主体地位的尊重。中国共产党的指导思想之一——科学发展观，核心是以人为本，将最广大人民的根本利益放在第一位，目标是支持和促进人的全面发展，其是中国共产党人全心全意为人民服务宗旨的具体体现，这必然要求在大学英语教育信息化建设中坚持以人为本，要以是否服务师生、是否促进了学生发展作为大学英语教育信息化建设成败的衡量标准，并将提高人的信息素养作为大学英语教育信息化建设与发展的重点。

《教育信息化 2.0 行动计划》将“面向未来，育人为本”作为推进教育信息

① 陈琳，陈耀华．改革开放以来技术变革教育的中国经验［J］．中国电化教育，2020（4）：51-59.

化应该坚持的第一工作方针，还将“坚持育人为本”上升为教育信息化发展必须坚守的第一基本原则：坚持育人为本。[①] 进入新时代，在教育信息化背景下，以信息化技术为引导，建立了一个全新的、以学生为核心的教育生态，使教育更加公平、优质，从而推动人的全面发展。

2. 赋予育人为本时代内涵

教育是与时代发展相随相伴的，教育的目标、教育的理念是随着时代发展而发展的，其服务于人、以人为本的内涵也随着时代而有更加丰富的内涵，新的时代更强调人的全面发展、终身发展、健康成长、创新创造发展，新时代的大学英语教育信息化不能停留在为学生学习提供简单服务的层次，要服务于成长、发展，唯有如此，大学英语教育信息化才能更好担负全面推动大学英语教育现代化的使命。[②]

在相当长时间内，大学英语教育信息化“育人为本”的工作并不尽如人意，有的地方和学校只将“育人为本”作为一种口号，而没有很好地落实于行动，有的嘴上讲的“育人为本”，干的却是“以物为本”“以先进技术为本”，在新时代的大学英语教育信息化工作中要从根本上杜绝这种现象。

（三）队伍为先

大学英语教育现代化的本质是人的现代化，首先是大学英语教师队伍现代化，以现代化的教师造就现代化的学生。队伍为先策略是以大学英语教师队伍信息化提升推动大学英语教育现代化的发展。[③]

教师是教育事业的第一资源。技术变革教育以及教育创新，主要依靠教师实践和实施，脱离教师谈教育教学变革、创新，只能成为空谈。当今的大学英语教育教学创新，与信息技术总有千丝万缕的联系，毕竟信息技术对大学英语教育具有革命性的影响。因此，我国十分重视对在职教师的教育信息化培训和对师范生的信息化教学能力的培养，始终将塑造时代化的教师、转变教师观念和培训提升

---

① 祁黎．基于信息技术应用的线上线下“融合式”教学探索——以中职建筑专业为例［J］．职业，2021（3）：62-63.

② 陈琳，许林．新时代教育信息化 2.0 发展策略研究［J］．中国电化教育，2021（1）：96-101+127.

③ 梁思华．英语教学与信息技术深度融合［M］．北京：科学技术文献出版社，2018：96.

教师，作为推动技术变革教育的重要抓手，使广大教师在现代教育思想、先进教育理念、基于现代技术的教学素养与能力等方面得以不断提升。

（四）规划导航

1. 规划导航策略目的与意义

规划导航策略制定的主要目的是，实现大学英语教育信息化，推动教育现代化的统筹规划发展。规划是较长远的发展计划，是对未来一段时期内发展的基本性设计与整体性谋划。规划的过程是学习、研究的过程，是分析时代、国内外现状、优势与问题的过程，是提高认识、寻求共识、扩大建设发展力量的过程，是对未来发展深思熟虑、通盘设计的过程。

对大学英语教育信息化进行科学规划是教育科学性的要求。对于具有 14 多亿人口的大国来说，大学英语教育信息化规划既是时代的发展，也是大国要求之必然。规划好大学英语教育信息化发展方向，有利于形成大学英语教育信息化发展的集约化，明确教育领域人员努力方向，便于采取更为有力的改革措施，同时可以集中教育系统内、外、上、下的力量协同支持发展大学英语教育信息化，从而形成庞大的建设合力。

在我国，不仅有时间长短不等、从国家到地方和学校的不同层次的规划，而且规划对教育信息化发展的导向作用十分明显。《教育信息化十年发展规划（2011—2020 年）》让人们认清了教育的新形势以及教育面临的技术挑战，明确了十年教育信息化的指导思想、发展目标、发展任务、工作方针、重点项目、保障措施、行动计划。① 可以说，如果没有《教育信息化十年发展规划（2011—2020 年）》，我国教育信息化不可能取得今天这样的高发展水平。

2. 规划制订存在问题

大学英语教育信息化规划的制订有许多特殊性，因此既要高度重视规划制订，又要科学制订规划，还要制订成体系的规划，并要很好地落实规划。

尽管我国近几年大学英语教育信息化规划已取得许多成绩，但仍存在如下问题：

---

① 陈永静．出版转型升级中基于云计算理念的区域智慧教育建设模式探究［J］．时代报告，2018（9）：134-135.

一是大学英语教育信息化规划的研究仍相对薄弱，缺少对其规划理论与方法的深入研究，远远不能适应大学英语教育信息化战略规划实践的需求，因此有学者提出创立大学英语教育信息化战略规划学，以加强大学英语教育信息化规划的理论与实践研究，实现大学英语教育信息化规划从“拍脑袋规划”向“科学规划”的转变。

二是在规划制订的科学性方面差异很大。《教育信息化十年发展规划（2011—2020年）》投入大量的专家和管理者进行长时间调研、酝酿、谋划、讨论等，是很好的教育信息化规划文件，但有些教育信息化规划制订得较为随意。受现实中许多单位规划制订的随意性影响，许多人对规划功能的指引性、制订的科学性认识不足，以敷衍了事、马马虎虎的态度对待规划工作。

三是规划制订间隔期较长。我国已有的教育信息化规划是“十年规划”或“五年规划”，如此长的周期很不适应发展异常迅速的教育信息化。我国在教育信息化“十三五”规划颁布两年多后，颁布了《教育信息化2.0行动计划》，在“十三五”与“十四五”间架起了一座桥梁。如果将《教育信息化2.0行动计划》也看成规划（事实上它也有规划的性质），在两个五年规划间加插一个教育信息化行动计划，则在教育信息化发展变化异常迅猛的当前是十分必要的。

四是规划制订的开放性不够。规划过程不能简单化，不能关起门搞规划。大学英语信息化的发展要开门制订规划，群策群力做规划，也只有开门规划，才能保障规划是长远发展的指导、整体发展的指导，是大学英语信息化发展的系统化指导。

五是规划的体系化不够。对大学英语信息化的规划，条、块规划不均衡，缺少不同教育类型的规划，缺少有关教育领域融合、创新的规划，有的规划是粗线条的，过于宽泛。未来大学英语教育信息化规划制订要体现系统思维、整体思维、发展思维，要增加分类型规划，并形成教育、教学、管理、服务等的立体式规划。规划本身是前瞻性谋划，一定要确保大学英语教育信息化规划的方向感、创新性、变革性、重构性。

二、教育信息化推动大学英语教育现代化的路径

（一）环建驶动

环建驶动的信息化推动大学英语教育现代化路径，指通过教育信息化环境建设，创造大学英语教育信息化的基础条件，驱动大学英语教育现代化发展。信息技术对教育革命性影响的实现，相当大程度上是以信息化环境、信息化教育环境作为支撑条件。教育信息化的环境是实施大学英语教育现代化的基础和前提，因为我国将要实现的大学英语教育现代化，是新时代的大学英语教育现代化，是信息化支撑、驱动的大学英语教育现代化，离开了信息化环境的大学英语教育现代化，就不能称为当今时代的大学英语教育现代化。

在呼唤创新人才辈出的新型社会，人类迫切需要新型的信息服务方式和更加开放的学习环境，以互联网、移动通信、物联网、人工智能为代表的现代信息技术的迅猛发展，为人类建构新的信息化教育环境提供了越来越充分的技术支持，全新的泛在、移动、远程、智能的教育环境正在加速建构与完善中，为人类提供着日臻成熟的教与学的新时空。信息化教育环境是利用现代信息技术所创建的教育环境，包含信息技术条件下直接或间接影响教师“教”和学生“学”的所有条件与因素。

1. 信息化教育环境建设

信息化教育环境是一个庞大复杂的系统，相应地导致信息化教育环境分类的多样性。从大的方面看，大学英语信息化教育环境分为学校信息化教育环境和国家与地方层面上的教育信息化环境两大方面。

（1）学校信息化教育环境内涵及其建设。学校信息化教育环境有广义与狭义之分。广义的环境包括信息化教学硬件环境、信息化教学软件环境、信息化教学资源、信息化教学人文环境、信息化教学队伍五个要素，且每个要素都有着丰富的内涵。狭义的环境只包括信息化教学硬件环境、信息化教学软件环境、信息化教学资源三方面。本部分的学校信息化教育环境建设只限于狭义的探讨，而将有关信息化教学人文环境与信息化教学队伍的内容纳入其他部分探讨。

第一，学校信息化教学硬件环境。学校信息化教学硬件环境是学校教育现代

化的基础，是开展现代化教学的前提和条件，是现代学校必备。信息化教学环境赖以生存的物理支撑是信息化基础设施。在信息化的不同阶段，学校大学英语信息化教学硬件环境的内涵是有差异的。比如，21 世纪初，我国信息化教学基础设施的建设重点是多媒体教室、电子阅览室、多媒体计算机房、计算机局域网，“十一五”期间建设重点转向校园网、网络多媒体教室，“十二五”期间建设重点是录播教室、数字校园，“十三五”期间及其未来相当一段时间内的建设重点是智能校园、智慧校园、智慧教室、智能学校、智慧学校。可见，我国大学英语信息化教学硬件环境始终在与时俱进地发展着，而且学校信息化教学硬件环境越来越走向智能化、泛在化、虚实融合化和智慧化。

第二，学校信息化教学软件环境。大学英语信息化教学软件环境包括开发加工、运行管理、交换存储、教学应用等诸多方面的教学系统平台、安全保障体系、信息标准体系、教学工具系统等，其内涵丰富，是新时代教育现代化的重要支撑，是信息化教学环境发挥作用的灵魂。① 例如，教学工具系统提供支持大学英语专业学生和教师交流协作、信息检索、学科探究、认知与知识建构、问题解决与决策、效能与评测、文献管理与个人知识管理，以及个性化学习等方面的工具，相应的工具能够帮助师生变革教与学的过程、方法和策略，并深刻地改变认知活动和思维方式。信息化教学软件环境像硬件环境一样也在与时俱进地发展，因为硬件变，软件必变，而且软件还可有硬件不变情况下的独特之变。

在我国，大学英语信息化教学软件环境经历了分立式软件和支持单功能应用，向为学校教育提供系统化整体性支持的发展，改变了许多大学英语专业的教学生态。

第三，学校信息化教学资源。教学资源是承载教育信息的资源，信息化教学资源是以数字信号形式存在或出现并可供师生教与学使用的信息资源。信息化教学资源是改革教学模式的基础，在提高教育教学质量以及变革学习方式方面具有重要作用。当代的大学英语教师和学生不仅要对信息化教学资源的特性有全面的认识，对其发展方向也要有清晰的认识，更要对全球范围内的各个学科和专业领

① 谭义东．“互联网+”的高校教育信息化［M］．北京：九州出版社，2020：122.

域的教学资源的所有、所在、所为和新的发展进行认识，并能自觉地运用这些知识来指导自己的学习、研究、教学和生活。同时，大学英语教师能将高质量的信息化学习资源推荐给学生，并针对当地教学环境和人才培养需求，积极地开发高质量的数字化大学英语教学资源。

大学英语信息化教学资源分为教学素材、教学课件、在线课程、微课、虚拟仿真系统、教学 VR/AR 资源、教学 APP、教育游戏、数字图书、电子教材、信息技术创新教/学案例、教育资源应用案例、教师网络空间应用案例等多种类型，学习网站、学科门户等信息资源是支持学校信息化教学的外在资源。大学英语信息化教学资源，在我国经历了文字教材搬家型、分立多媒体型、融合多媒体型、移动泛在化的发展，现在正向虚实融合与多维全息化方面发展，经历了由借助于其辅助教向借助于移动学习、泛在学习的发展，支撑着学习方式方法的改变。

（2）国家与地方层面教育信息化环境建设。大学英语教育信息化离不开外部教育信息化环境的支持，国家与地方层面的教育信息化环境是大学英语教育信息化环境的重要外部保障。

我国国家层面的教育信息化环境建设，主要体现在以下几方面：

第一，建造教育信息化网络路径。“要想富，先修路”，大学英语信息化要大发展，必须大力建设信息高速公路——网络及其信息基础设施。我国大学英语教育信息化多年的发展史，是全国教育信息基础设施不断完善、网络持续提升提速的历史。以中国教育和科研计算机网（CERNET）为例，在 1995 年初开通时，国际网络带宽仅为 128Kbps，2018 年 12 月底达到 61 440Mbps，23 年间国际通信线路的带宽提高了近 50 万倍。21 世纪初，国家提出“校校通”——让所有的学校“通”互联网，2012 年上升到要求所有学校“通”宽带——“宽带网络校校通”，可以预期，随着我国 5G 移动通信技术领先世界以及超前部署 5G 网络，未来，我国所有学校将实现“超宽网络校校通”，为学校提供将虚实世界相融的条件，学校将真正成为新型开放式的学校。

第二，开发优质数字化资源。大学英语教学数字化资源，是信息高速公路可运送的“货”，是教育信息化发挥大作用的必有之“货”。多年来，我国始终高度重视优质大学英语数字化资源开发，并采取了一系列措施，制定了一系列政策加以推动。

第三，构建教育信息资源管理平台。持续发展的教育信息化使大学英语教育资源极大丰富，人们对教育资源的要求随之提升，国家对大学英语数字教育资源能够进行科学筛选、合理聚合、不断进化，持续建造了多个教育资源与管理服务平台。

众多数字资源库的建设，整体推进了我国大学英语教育信息化建设与应用的水平，促进了大学英语教学以及科学研究质量的提升，特别是在促进教育公平方面发挥了重要作用。

2. 教育信息化环境建设的优化

我国教育信息化环境建设对我国大学英语教育信息化的科学发展以及大学英语教育现代化的发展起到了很好的支撑作用，形成了中国特色、中国经验、中国气派、中国风格。然而，教育信息化发展得太快，教育信息化环境建设始终是新生事物，始终面对的是新技术、新要求，导致我国大学英语教育信息化环境建设不可能是一帆风顺和一蹴而就的，更不可能是尽善尽美的，总会存在种种问题和不足。

教育信息化环境建设的优化要以问题为导向，在今后一段时间内要重在解决如下问题：

（1）解决数字教育资源传统式建设的问题。数字教育资源传统式建设问题主要表现在以下三方面：

一是文字内容的简单搬家，或者是多种媒体素材简单堆砌，要么未能充分发挥多媒体媒体“多”的优势，要么未能将各种媒体信息有机融合，导致无法让学生更好地享受现代信息技术的成果。该问题的表象原因，一方面是对新兴的不断发展的多媒体、新兴媒体的技术优势不太了解，对多媒体、网络资源建设的理论与方法缺少研究和把握；另一方面是不愿意在数字教育资源建设方面花大力气创新设计，“得过且过”。新时代的数字教育资源建设，一定要以创新为导向，要有极致思维，以建设一流质量的时代化新型教育资源服务学生，进而更好地推动教育现代化发展。

二是局限于为课堂教学服务建设数字教育资源。长期以来课堂是教育的主战场，过去为课堂教学服务建设教育资源无可厚非，但现在主战场拓展了，开辟了在线教育与在线泛在学习的“第二战区”，数字教育资源建设必须适应新变化，要实现由服务课堂教与学拓展为支撑网络化的教与学的转变，既要为大学英语课堂教与学服务，又要支撑网络化的泛在学习，支撑大学英语专业学生、教师及社会人员更好地学习。

三是局限于为教学建设数字教育资源。新时代党和国家对人才培养提出新的要求，数字化教育资源的建设也由为教育教学提供服务，向为育人的全过程提供服务。教育的本质和目的都是培养学生，因此，大学英语教育的信息化建设必须以“育人”的基本目标为出发点。从人才培养方面看，以往的大学英语教育信息化以教学为中心，而“育人”的过程中还涉及诸多环节，因此要为多环节的育人过程提供数字资源建设服务。

（2）解决局部存在的信息化环境过度建设的问题。信息化环境过度建设，必然存在极大浪费。教育界存在“教育信息化非显著性差异”一说，指教育信息化的巨大投入并未取得教育的显著变化，其本质是教育信息化建设的绩效问题。如果建设的大学英语教学环境应用绩效较低，那么必然会造成浪费，对此要高度重视，不能让数量庞大的经费投入被无效的黑洞吞噬。

研究表明，可从三方面解决局部存在的大学英语教育信息化环境过度建设的问题：

一是要与当前人的素质水平相匹配。大学英语信息化环境建设要有一定的前提量，但绝不能过度超前，过度超前意味着为企业研发买单。信息化环境建设要以够用、实用为原则，建设的技术水平应与产生的应用水平匹配、与大学英语教育工作者和学生的素质匹配。

二是要谨防技术至上的技术中心主义。大学英语教育信息化一定离不开技术，但又不能一味追求新技术。教育信息化决策者一定要在过分炒作新技术、新概念的氛围中保持清醒的头脑。

三是要建立正确的是非观、价值观、政绩观。要树立主人翁精神，具有当家做主、勤俭持家的意识，杜绝大学英语教育信息化环境建设中存在的讲排场、比阔气、不讲成本、不讲绩效的作风，杜绝将先进技术当作金字招牌的各种不当行为的发生。

教育信息化系统建设特别重要，要防止劳而无功的单兵突击式建设。

我国现在所进行的大学英语教育信息化与我国曾经所独有的“电化教育”之间有着继承与发展的关系。电化教育的目的是实现教育教学过程的“最优化”，大学英语教育信息化建设也要以“最优化”为建设“初心”。

（3）解决教育信息化环境建设中存在的区域夹生饭现象。大学英语教育信息化环境建设的“区域夹生饭”指发达省份中“欠发达地区”存在的信息化环境建设严重滞后的问题。我国大学英语教育信息化环境建设，更多地顾了两头，而忽视了中间。我国发达地区中的大学英语教育信息化环境建设整体水平很高，已处于世界领先水平；欠发达地区的大学英语教育信息化环境建设总体水平也相当高，因为有国家政策支持，前者的发达地区是自身经费充裕，自我发展能力强劲，后者的欠发达地区有国家政策兜底。但是，由于在发达地区的教育经费以县级、市级统筹，对于发达地区中的欠发达地区而言，其大学英语教育信息化环境建设水平较低，事实上成了我国大学英语教育信息化发展中的新的不公平，发达地区中的欠发达地区（就全国层面而言，其差不多应该划在经济中等地区）学校的教育信息化处于建设特别落后的状态，似乎成了新的被遗忘的角落。应高度重视这种教育信息化发展中的“U 形差异”，实现更高层面上的教育均衡发展。这种“U 形差异”更多地反映在教育信息化微环境方面，如学校的多媒体教学设备、计算机机房和计算机的配置等方面。

（二）创新行动

创新行动是以创新促进大学英语教育信息化发展，将创新转化为教育信息化行动，以通过大学英语教育信息化的创新推动教育的创新，更好地赋予大学英语教育现代化新的时代内涵，进而更好地推动我国新型大学英语教育现代化的实现。

大学英语教育信息化的本质特征是信息技术变革教育，而信息技术变革教育是新时代的大学英语教育创新方向，因此，创新伴随着大学英语教育信息化的发展过程，体现在大学英语教育信息化理论与实践的所有方面。

在多年的大学英语教育信息化发展中，我国“创新行动”这一特殊路径，以如下多维的方式方法体现，形成了我国大学英语教育信息化的创新谱系：

1. 以“统一行动”导航创新

教育信息化发展，必须是个性化与统一化的集合。个性化以鼓励创新为主，统一化是为了更好地发挥群体优势。迅速推广个性化先期创新的成功经验，可使全国的学校快速受益，很好体现我国集中财力办大事的优势，更好彰显社会主义制度推动教育均衡发展、教育公平与质量提升的优势。在先行探索的基础上，全国层面谋划统一的“行动”进行大学英语教育信息化建设与事业的整体推进，已逐步发展成为我国大学英语教育信息化的成功建设模式。该模式可以很好地明确方向、统一意志、凝心聚力，可产生同频共振的效果，可以发挥教育系统的整体功能并以大规模的优势降低建设与发展成本，更好地发挥协同的合力，快速取得建设成效，大大缩短建设周期。

大学英语教育信息化“统一行动”式导航创新，突出地体现在我国几大行动计划、国家重大的教育发展战略文件以及教育信息化中的规划文件。例如，在《教育信息化十年发展规划（2011—2020 年）》中，确定了由五大行动构成的“统一行动”式的教育信息化“行动计划”，即优质数字教育资源建设与共享行动、学校信息化能力建设与提升行动、国家教育管理信息系统建设行动、教育信息化可持续发展能力建设行动、教育信息化基础能力建设行动；① 全国第一次教育信息化工作电视电话会议所确定的统一行动是“三通两平台”建设，是我国体量最大的教育信息化统一行动，从根本上改变了我国教育信息化的环境条件和资源建设与应用水平；在《教育信息化 2.0 行动计划》中，确定了八大“统一行动”，即数字资源服务普及行动、网络学习空间覆盖行动、网络扶智工程攻坚行动、教育治理能力优化行动、百区千校万课引领行动、数字校园规范建设行动、智慧教育创新发展行动、信息素养全面提升行动。除以上成体系的统一行动外，全国层面上还有许多零星的创新行动。

2. 以竞赛激发创新

教育信息化是创新的事业，教育信息化的革命性影响只有通过师生的努力才

---

① 郑小军．背景解析与文献梳理：《教育信息化 2.0 行动计划》解读（上）——职业院校教师的视角［J］. 广西职业技术学院学报，2018，11（5）：51-61+2.

能实现，只有师生得到更好发展才能发挥革命性影响的作用。在大学英语教育信息化发展中，我国十分注重激发人们的创新活力，以促使大学英语师生更好更快地成为名副其实的现代人。

竞赛对人的激发，犹如化学反应的催化剂，能够加速反应，能够将似乎不可能的变成可能。成功的教育必须是激发、激励的教育，而竞赛是激发、激励人的最好办法，我国在进行了多年的大学英语教育信息化发展中，逐步探索出了一系列的竞赛激发人的经验和做法。

3. 以创新的理念和理论指导创新

创新的活动只有在创新的理念指导下才能取得最大成效。我国始终注意教育信息化创新行动与创新理念的高度贴合及匹配。教育信息化本身是创新，在我国教育信息化发展的不同阶段，我国相应地提出“应用驱动”“融合创新”“创新驱动”的原则与方针，提出信息技术与课程整合、信息技术与大学英语教育教学深入融合的方向性理念，使教育信息化始终在先进适切的理念指导下前行。“网络学习空间人人通”是我国的创新创造，为了使“网络学习空间人人通”有序推进，行稳致远，我国相应地提出“三个率先”的发展理念，即教师率先使用、职业教育率先部署、发达地区率先示范。

教育信息化是蓬勃发展的创新事业，其发展事关教育现代化的方向，因此创新相应的与时代匹配的理论以指导大学英语信息化教育教学实践，显得十分必要和迫切。我国教育信息化领域的知名学者，在这方面主动担当，勇于探索，尤其是教育信息化学科的领军人物更是在理论创新方面冲锋在前，最典型的是我国教育技术学博士生导师何克抗教授，他进行多领域的开拓性探索，形成了创造性思维理论、信息技术与课程深层次整合理论、新型“学教并重”教学设计理论，这些接中国地气的理论构成了何氏信息化教学创新理论，丰富了中国特色的大学英语信息化教学理论。

（三）合力协动

大学英语教育信息化工作涉及面广、要求高、变化快、头绪多，只有调动一切可以调动的力量和因素，将各级政府与多元的市场力量以及广大师生的积极性和创造性充分调动起来，才能在统筹规划、综合协调的基础上协同推进。我国在大学英语教育信息化合力协同推进方面，创造了许多新举措，形成了良好的建设与创新机制。

1. 政府多部门、多机构协同推进

大学英语教育信息化在国家层面如果仅仅靠教育部一个部门推进，则必然是势单力薄，必须发挥多部门、多行业的作用，明确责任，协同推进。为此，国家成立了教育信息化推进工作部际协调小组，从国家层面出发，对教育信息化工作进行统筹规划、协调推进，对推进教育信息化进程中的重要问题进行研究，各部委在各自的职能领域中对教育信息化进行支持，形成强有力的合力，并对各个部门在教育信息化领域的责任进行了规定：教育部统筹规划和部署教育信息化的工作，牵头制定教育信息化重大工程的工作计划并组织实施；国家发展和改革委员会把教育信息化列入国家信息化重点工程，加大对教育信息化的扶持力度；财政部保证教育信息化建设和使用的资金，支持农村和边远地区的教育信息化；工业和信息化部提前部署，优先推进教育信息网的建设，确保实现校园宽带网的全覆盖；科技部承担了国家自然科学基金的科研项目，对教育信息化装备的研制和应用进行了资助；人力资源和社会保障部推动了教育信息化系统中的就业信息化部分的建设；市场监管总局负责推动教育信息化国家标准的制定、测试和推广；国家广播电视总局要对相关的电视节目播出渠道和播出机构进行审核与监督，并协同推动教学点视频接收和播出设备的建设。①

中央电化教育馆作为直属教育部的教育信息化的事业性单位，动员、组织、带动全国电化教育馆系统合力协同，在教育信息化的研究、竞赛、活动、平台等方面不断开拓、持续组织发展，成为我国大学英语教育信息化的高级智库和开路先锋，成为我国大学英语教育信息化重大活动、重大工程的策划者、组织者。中央电化教育馆在教育信息化方面始终具有主动担当，如成立“专业资源处”，持续发力开拓创新，引领大学英语教育信息化新发展。在教育信息化研究方面持续发力，立项了数万个信息技术促进教育改革的课题，使数以十万计的教师与教育管理者得到课题研究的锻炼，推动了新时代大学英语教师的现代化提升与专业发

① 张会丽．教育信息化 2.0 时代的智慧教学新探索［M］．长春：吉林科学技术出版社，2019：105.

展，推动了我国信息技术与课程的整合和信息技术与教育教学的深入融合，推动了我国技术变革教育既好又快地发展。

2. 社会多力量协同推进

政府引导、鼓励、制定政策，发挥企业的作用而搭建平台、创造环境，师生结合教学的实践应用与发展，成为我国富有特色的教育信息化机制创新。

我国基础电信企业对大学英语教育信息化支撑发展起了很好的技术支持与保障作用。利用企业的技术优势，实施校企深度合作，成为我国大学英语教育信息化协同的核心。比如，随着教育信息化的全面推进，VR 技术应用于大学英语教学实训乃大势所趋。在此背景下，众多信息技术公司与高校合作，发挥学校的专业优势及信息技术公司的综合优势打造 VR 智慧实训室，以通过 VR 技术赋能时代化的大学英语教育。在所建立的 VR 实训室解决方案中，利用虚拟现实教学平台，打破了传统的平面教学方式，实现了全息立体的课堂，在大学英语课堂中，学生可以从多个角度观察到模型的细节和透视图，并且可以对其进行操作，让枯燥的理论知识和抽象的结构原理知识都变得栩栩如生，可以看，可以摸，可以感觉。根据不同的专业，配置和开发了一套 VR 教学软件和一系列的课程资源，以满足大学英语教学、实践演示和课程资源的生产需要，将知识难点变成了课堂的亮点，大大提升了大学英语教师的教学质量和学生的学习兴趣。

第三章　教育信息化背景下大学英语教学理念创新应用

随着教育信息化的发展，很多新的大学英语教学理念应运而生，如产教融合、校企合作协同、创新思维等理念。为了迎合时代发展的需求，大学英语教学应该摒弃传统的教学理念，建构与重塑新的教学理念形式，从而保证所培育出的高素质人才适应社会的发展。

第一节　产教融合理念及其在大学英语教学中的应用

一、产教融合基础知识

（一）产教融合的内涵

产教融合作为一个新出现的相关构想，目前尚无统一的定义，通过调研发现，我国最先提出产教融合的是江苏无锡市技工学校，该学校是职业教育的典型代表。产教融合最早由高等职业院校提出，并且在高等职业院校根据其人才培养特点提出，现在已经扩展到各个层次的教育之中。[①]

---

① 欧阳河，戴春桃．产教融合的内涵、动因与推进策略［J］．教育与职业，2019（7）：51-56.

教育部等曾在2011年的《关于加快发展面向农村的职业教育的意见》中提出，要促进产教深度合作，产教融合开始逐渐被国家教育部门所重视，在随后的教育改革和发展中，产教融合逐渐成为大家所关注的重点。产教融合的相关构想是一个从无到有、从模糊到具体的过程，这符合事物发展的一般规律，更加符合教育发展的规律。

在我国教育体系中，产教融合的两个主体是学校与产业行业，通过产学研一体化的深度合作，可以提高人才培养的产教融合的水平，从而实现双赢。传统的人才培养中，学校也非常重视校企之间的合作与协同培养，但校企合作的层次有限，无法实现深度的人才培养和发展。产教融合与校企合作的最大区别主要在于双方合作的程度，产教融合的形式多种多样，其核心是双方要形成稳定、高效、深层次的合作关系，通过提升人才培养的产教融合的水平而促进企业发展和办学实力的提升。在调研中发现，有的产教融合助推校企双方建立新的实体创新人才培养模式，也有的产教融合侧重研发和学术升级。从调研的结果看，不论哪种形式的产教融合最终都会提升学生的个人素养和就业能力，企业因此获得了更多宝贵的人才，缩短了人才与企业之间的磨合期。最终所能产生的连锁效应会不断助推区域经济向前发展，从而实现共赢。产教融合让越来越多的用人单位和高职院校看到了机会和希望，其也非常愿意参与其中，所以产教融合的发展逐渐进入了快车道。

通过对历史资料、文献和调查结果进行分析可以发现，当前的产教融合主要指职业院校。但是，本书对这一相关构想进行了扩展，把普通高校也纳入其中。这是因为国家层面越来越重视产教融合的发展，已经出台了相关的政策进行支持和帮助。回到产教融合的相关构想上，传统的产教融合指职业院校把所开设的专业进行社会主义市场经济产业化发展，把产业发展的经验和技术引入教学之中，通过产业与教学间的融会贯通强化学校和企业之间的合作关系，从而优化传统的办学模式。越来越多的高校也在探索产业引入专业，上述相关构想中的职业院校可以扩展为高等学校。但职业院校和高等学校的产教融合又存在着比较大的差异，即职业院校的产教融合进行得更加彻底和全面，也更容易获得企业的认同。高等学校在发展产教融合方面存在一定的弱势，主要是不同层次的教育目标导致的。

虽然职业院校在产教融合方面取得了比较好的成绩，但不同地区、不同类型的职业院校存在着较大差异。经济发达地区的产教融合发展得非常深入和全面，助推了地方经济的发展。

产教融合对于学生、学校、产业和社会来说是一个多方共赢的机制，尤其对于学生来说，既能够提升专业能力，又能够为以后立足社会提供保障。传统的职业院校虽然给学生提供了实习的条件和场所，但由于各种条件的限制导致实习缺乏针对性和激励性。产教融合中有大量的实习、实践机会，而且这种实践是经过专门设计的、有针对性、与在校期间所学知识融会贯通的实践。传统职业院校学生实践的很大弊端是缺乏针对性，导致学生所学与所用之间无法实现无缝对接，而产教融合能够弥补传统实践存在的缺点。

产教融合的学生实践是把课堂所学到的知识应用到实践中，在课程设计上存在着对应性，这是一个非常好的现象。产教融合涉及每一门课程，从专业培养目标入手，学校与企业在充分合作的基础上共同制定培养目标以及课程标准。所涉及的骨干课程均是理论与实践高度相结合，这可以让学生带着问题学知识，并且在实践中解决问题，形成了遇到问题、解决问题的良性循环。产教融合培养的学生在动手能力和解决问题的能力上更有优势，能够更灵活地分析问题，选择合理的方法。

在产教结合的过程中，既要使企业真正参与到产教结合中来，又要使企业能够自主创业，使学生成为产教结合的主体；在此过程中，学生可以获得一定的报酬，既为工读结合、勤工俭学创造了条件，又可以解决贫困学生的学费和生活费用问题，为精准帮扶提供支撑和保障。

产教融合在更大层面上能够为助推地方经济发展提供专门服务，因为我国的职业院校多为地方性的，其最主要的作用是服务于地方经济发展。我国当前的职业教育是以就业为导向的教育，在社会主义市场经济制度下以培养技能型人才为主要目标，“技能型”的特征十分鲜明，是为生产、建设、管理、服务等各领域所需的高级技术人才而培养的。这一类型的人才在职业、技术和应用型等方面有明显的岗位特征——简单地说就是工作在第一线，懂技术、会操作、能管理的技术员。

产教融合的培养思路也是在上述背景下产生的，为了满足需求而改进相应的教育策略，是我国教育不断改革、发展和完善的重要体现，应受到更加广泛的关注。产教融合的重要参与对象是企业，在融合的过程中要格外注重对企业需求的满足。只有充分调动企业的积极性和资源才能实现产教融合效果的最大化。通过调查发现，目前开展产教融合的公司大部分都是生产制造型的公司，这给学校带来了新的要求，学校应该根据企业需要的产品和技术展开研发，从而达到学校培养人才、研发产品和提供技术服务的三大职能。为了让学校的教学跟企业的需要紧密结合，跟上技术发展的方向，需要依托并吸纳企业的技术骨干、学者、专家等，共同探讨培养目标，制订教学计划。产教融合的根本在于“产”，也就是要建立在真正的产品制造之上，只有在这种环境下，才能让学生学会真正的技能，让老师教出真正的技能。这种“产”不能简单地局限于“工业”，而要和“教学”密切结合，以“教”为目标，当“产”与“学”相结合时，逐渐走向“产”“学”“研”相结合。高校真正有了“产、学、研”的能力，与市场的需求相匹配，所形成的发展能力才能落到实处，才有了做强做优的基础。

目前已经有的产教融合主要是根据学校和企业的情况双方进行深度融合，还没有形成一套完整的、可以通用的经验。产教融合的发展实际上经历了一段时间的摸索，学校和企业在探索中寻求最佳的解决途径。在产教融合中，学校和企业始终坚持“双赢”原则，实施责任共担，由此形成了一种具有约束力的制度保证。其中，一些比较主流的方法是引入社会上管理和技术较为先进的企业，他们愿意与学校进行合作，利用学校的设备进行产品的生产，推动学校将教学内容与生产相结合。校企共同制订可操作的产教融合教学生产方案，让教师学到技术，让学生参与到生产中来，让生产出效益，实现学校与企业共同发展，共生共荣。

改革开放以来，我国经济的发展和进步对高校教育产生了深刻影响，这种影响主要表现在：为高校教育营造了一个很好的学校和企业合作的环境，为高校的大学生提供了一个找工作和实习的地方，为高校培养出了一批双师型教师。当然，经济的进步对职业教育的影响远不止如此，实际上，中国经济产教融合水平的提升是依靠人才素质的不断提升而实现的。

在经济发展的大背景下，应用型教育应运而生，并且加入了高等职业教育的大家庭。在实践型人力资源理念的指导下，培养合格师资的任务会更加艰巨。应用型教育要想实现发展目标就应提升校企合作的产教融合的水平、增加校企合作的数量。经济发展、社会进步对教育的需求越来越高，这一需求集中表现为对产教融合人才的需求越来越高。因此，应用型高校应该根据经济发展的需求，努力为经济发展做出贡献。因此，在社会主义市场经济条件下，高校“产教融合”是一种产、学、研“三位一体”的结合方式，是一种既具有“教育”“企业”“行业”的多重职能，又有“学校”“企业”“行业”“社会”等多个主体共同参与的新型社会机构，具有推动高职院校改革、促进社会经济发展的重要作用。从这一点上讲，产教融合的发展将对我国的经济发展产生重大影响，从而对“两个一百年”的实现产生重大影响。

（二）产教融合的特点

产教融合在国内和国外经过了多年的发展取得了一些经验，在梳理国内外产教融合发展经验的基础上可以总结出一些特点。通过文献梳理和国际经验对比可以发现，德国的双元制、美国的合作教育模式以及英国的工读交替模式都非常值得学习。我国在产教融合领域也取得了一定的成就，最早的产教融合主要是以校企合作方式进行的，其中有“学院+创业中心区”“专业+大型企业”“专业+龙头企业+企业联盟”“职业+校办企业”“专业+行业协会”等几种典型模式。以上五个模式均是高职校与地方经济发展相适应而形成的，具有一定的“产教融合”特征。

虽然这些模式在一定程度上推动了高校教育的发展，推动了“产教融合”的深化，但它们侧重于产学结合，所涉及的领域不够广泛，所涉及的领域也没有体现出高校教育的高度，学校与企业间的合作不够深入，整个生态无法实现“产教融合”的效应，其成功经验很难得到有效的推广与复制。为了与社会主义市场经济条件下产业结构的持续调整与变革相适应，高校教育“产教融合”必然是产业、行业、企业与各类高校等多个主体共同参与的活动特征的综合反映，并具有新的特征与作用。

1. 立体式融合

社会主义市场经济追求的是多元化，产教融合服务于社会主义市场经济，所以其发展的路径必然要受到社会主义市场经济的影响。产教融合在发展中也更加注重立体式的融合。立体式融合区别于平面融合，从融合的层次说，校企合作属于层次比较低的融合，也就是平面融合。产教融合是高层次的融合，可以说是立体式的融合，它在产、学、研三个方面展开了深入合作，整合后的组织不但具备了为企业创造经济效益的作用，还可以为行业发展培养所需的专业技术人员，为行业的可持续发展提供源源不绝的智力支撑。将产教融合所培养出来的人才和传统模式所培养出来的人才进行对比，可以看出两者间有着很大不同，在产教融合的模式下，培养出来的人才具有更高的可持续发展能力。产教融合可以为高校的办学理念和办学理念的创新提供指导思想，从而确保高职院校办学水平与产业发展相适应。“产、学、研”三维一体化，对经济的发展、社会的发展，都有很大的推动作用，进而推动了教育的发展与进步。

2. 以企业需求为出发点

教育是以培养人才为主要目标的，早期的教育在人才培养中不十分注重与企业间的对接，产教融合在培养目标方面领先于传统的教育，产教融合的出发点是企业的需求。企业参与人才培养的全过程，能够将自身的需求以最大化的形式表达出来，并且在课程设计中逐个满足。各高院在产教融合的实践中，普遍存在着搞形式、走过场、学校“一头热”等问题。从分析中可以看出，造成这一现象的原因主要是双方在合作的前期并没有找到可以让彼此共赢的途径。

这种形式上的“产学融合”脱离了“学”和“用”的本质，“学”不利于“用”。要真正实现产教融合的组织，能够以企业、学校及相关合作部门的需求为基础，结合当前各种市场的变化，清楚地了解市场的供需状况，分析其实际需求，找到一个利益结合点，开展相关的合作，不仅能够满足自身的需求，而且能够在某种程度上影响市场供需关系的平衡。而根据供需的平衡，相应地调整自身的需求和发展战略，不仅能够有效地解决合作中的随意性和被迫性问题，而且能够提高合作双方的积极性和主动性。

3. 多主体管理的融合

在过去，许多校企合作很难实现产教融合，最主要的原因是各主体间的权利与义务关系不清，造成合作困难，进而制约校企合作的发展。产教融合的主体正在悄无声息地改变着，从学校向企业、行业转变，这种变化既与当前的社会发展有关，也与教育的进步有关。也正因如此，在一个高效的产教融合机构中，学校、企业、政府、行业协会等都要分工合作，共同管理，在进行各项活动前，要对这些活动中所涉及的权利与义务进行界定，并为这些活动的结果负相关法律责任。通过这种方式，不仅可以强化企业对该工作的责任感，让其在该工作中的主体作用得到最大限度的发挥，还可以让学校和合作企业的管理工作变得更加合法、有序，避免了产教融合管理工作的混乱。

二、产教融合人才培养的必要性

（一）地方高校人才培养的需要

提高大学生的就业质量是高校发展的关键。实践证明，在人才培养过程中，要做到因材施教，只有将理论与实践相结合，才能让学生在毕业后的工作中更好地发挥作用。高校应该根据市场的需求，为学生制订人才培养方案，规划培养方向，制定人才培养目标。此外，合理地分配教学资源和正确的教学评估，也是高校培养高质量人才进入市场的关键。[①] 高校和企业在培养学生方面的深入合作，积极地与市场接轨，调研分析市场需求，以产教融合为切入点，对高校的教学体制进行科学、高效的改革，从而改善高校的人才培养方式，各地高校都能充分利用本地长处，把不利因素变成有利的因素，从而为当地的工业和经济发展做出贡献

（二）地方区域经济的发展需要

地方区域经济的发展需要应用型技术人才的支持，大学教育是培养应用型技术人才的重要渠道，地方区域经济的发展与地方性大学的发展是一种互惠、双赢的关系，两者相互支持，相互促进。当前，地方区域经济的发展十分需要应用型

① 吴宝明．产教融合视野下高校“三教”改革［J］．教育与职业．2021（6）：34-37.

技术人才，而我国的人才市场又出现了应用型技术人才紧缺的现象，重要原因是现阶段的大学教育过于注重理论的课程教学，没有将人才培养目标与行业和市场紧密结合，现阶段的大学教学实践与地方区域经济发展的需求出现了一定程度的脱节。对于高校来说，现阶段最重要的一件事是树立更高的战略目标，加强产教融合战略的实施力度，更多地关注应用型技术人才的培养，凸显我国产业转型的必要性与重要性，为地方区域经济的发展培养更高素质、更高水平的应用型技术人才。[①]

三、产教融合人才培养的实践模式

改革开放以来，我国各大院校根据各地的具体情况制定了多种培养方式，其中“产学研”“订单式”是比较常见的人才培养模式。

（一）“产学研”人才培养模式

“产学研”的概念在我国很早就被提出，并应用于各高校的教学实践中。“产学研”合作是当前高等院校开展产教融合、校企合作育人的一种比较有效的方式，在高等教育中得到了普遍的运用。其目的在于培养具有较强的动手能力，具有较高的专业素养，并具有一定的核心竞争能力的优质人才。在校企合作模式中，根据企业的发展，制订出符合企业需求的人才培养计划。这种人才培养模式可以将学校和企业的资源相结合，实现优势互补，为学生提供教学场地和教学资源，在整个培养过程中，企业都可以参与其中。“产学研”合作是高等院校普遍采用的一种教学模式，其目的在于在专业设置、课程设置和教学内容等方面与企业需求相适应。换句话说，通过这种方式培养出来的人才，正是企业真正想要的人才，就不会出现供需双方无法匹配的问题。

（二）“订单式”人才培养模式

“订单式”人才培养模式是主动协作，共同研究、制订、实施人才培养计划的一种人才培养模式。该模式需要学生与企业签署用人合同，通过学校与企业合作的方式，在技术、师资、实践场地等多个领域对在校生的培养提供支持。与企

① 魏振东．产教融合背景下高职院校人才培养模式创新研究［D］．云南大学博士学位论文，2020.

业签署了用人合同的学生，毕业后可以直接去企业工作，企业会给这些学生提供一些福利政策，并给予他们一定的资金补助。这是一种基于高等院校与企业之间的互相信任的人才培养模式，在这种模式中，学校和企业之间的合作是自愿的，通过企业与高校之前开展的合作教育，可以提高学校教师的人才培养热情，提高人才培养的质量。[①]“订单式”人才培养模式可以从企业的需求出发，以企业的需求作为人才培养方向，以提高学生就业时的定向工作能力。当前，这种“订单式”人才培养模式已经被社会和高校普遍认同。但是，当前我们在落实“订单式”人才培养模式时，还存在着一些问题，如校企地位不平等、学校对企业的了解不深入等问题，这些需要我们在实际工作中增加沟通，共同努力，制定一系列的措施，使问题得到进一步解决，以便提高人才培养的质量和效率。

四、产教融合理念在大学英语教学中的应用

（一）调整英语课程设置

合理、恰当地对英语课程设置情况进行调整，是教育信息化时代产教融合教学理念的重要方面，是英语复合型人才培养的要求，也是对英语应用型课程进行改革的基础。在教育信息化时代，大学英语课程在设置层面上需要满足社会整体发展的要求，所培养的英语复合型人才应该以市场为导向，全面拓宽培养方向。

首先，在英语教学的过程中，英语教师应多为学生设置一些与英语职场相关的活动环节，确保学生在参与这些活动的过程中可以掌握与时代发展需求相适应的英语专业知识，如此才能真正地实现教学目标，促进教学工作的全面开展。可以说，学生通过职场教学活动的环节可以增长自身的专业英语知识，从而为将来在企业中工作打好扎实的基础。

其次，在英语教学过程中，教师在安排与职场相关的教学环节时，必须以学生自身素质的全面发展为重要前提。

最后，为了提升学生未来在社会上的竞争力，成为一个综合型的人才，教师除在教学中教授英语专业知识的内容外，还需要针对不同的专业增加一些文化层

① 魏振东．产教融合背景下高职院校人才培养模式创新研究［D］．云南大学博士学位论文，2020.

面的知识，如社交礼仪、职业素养等，让学生通过具体的模拟行为，增强自身的社会文化适应能力，最终将英语知识与社会文化知识相融合，大大促进自身社会适应能力的提升。

（二）推行突出职业特色的项目化课堂实践教学

根据大学英语课程体系所具有的鲜明特点，再结合不同专业特色以及社会就业市场的真实需求，教师可以尝试将一些具有明显专业特色的教学任务融入英语教学的过程中，学生完成这些任务时，不仅可以学习专业知识，而且可以有效训练自己的听、说、读、写、译五个方面的综合能力。当然，这些任务的安排与实施对大学英语教师自身的能力有较高要求，英语教师只有有效识别哪些项目具有可教授性，才能将这些项目融入英语教学的过程中。如果英语教师不能够准确识别具有专业特色的项目，却安排给学生进行操作，只能是白白浪费了学生宝贵的学习时间。

（三）更新教学手段与方法

在教育信息化背景下，产教融合人才培养模式要求英语教学突出职业特色，因此，在教学方法和手段的选择上，要注重把教师之“教”和学生之“学”相结合，以保证教学双方都能发挥效用，最终实现教学目标。在教学过程中，教师可以通过一些模拟的职场工作场景或通过一些视频、录像等方式展示教学活动，如此不仅可以有效激发学生使用英语的兴趣和能力，而且可以拓宽学生的知识视野。不过，教师在这一过程中应该具有整体观念，总体上引导课堂教学活动，从而实现双赢，即不仅提高学生的职场英语能力，同时可以促进教师教学创新能力的提升。

在产教融合的理念指导下，大学英语教师必须突破陈旧的学科架构，凸显英语教学的职业性，以特定的职业工作流程为参照系数，把教学过程转换成学习情境，保证学习和工作两个过程的一致性与统一性。采用模拟任务、职场项目、理论知识、拓展教学等多种模式和方法，使学生既能完成自身任务，又能体验到英语的实际应用，如此才能激发他们学习英语的真正兴趣，让学生毕业后可以将自己所学习的英语知识应用到工作中，最终满足社会对复合型英语人才的迫切需求。

（四）开展第二课堂实践教学

在教育信息化的背景下，产教融合理念要求大学英语教学要凸显职业特色，而大学英语教学改革的主要目标是培养应用型人才，学生必须具备较强的英语应用能力。因此，在大学英语教学中，教师要充分调动学生的英语潜力，最大限度地满足学生在英语各方面的学习兴趣。对于学生来说，在教室里学到的只是英语的一小部分，课堂上的课时很少，有时教师也不能及时地检查学生英语的实际学习效果。这要求学校及教师要对课余时间进行充分的利用，也就是积极地开展第二课堂实践教学。通过第二课堂实践教学，教师既能检查学生对英语的理解程度，也可以在一定程度上激发学生学习英语的热情，开阔他们的视野。在第二课堂实践教学的过程中，教师应该对学生给予更多的关注，引导他们掌握正确的学习态度、方法、手段等。

第二节　校企合作协同理念及其在大学英语教学中的应用

一、校企合作的基础知识

校企合作是学校和企业通过多种形式，实现教育资源的优化配置，共同培养适应经济社会发展需要的高素质技能型专门人才的教育教学活动。校企合作是一种“双赢”或“多赢”的战略，即学校与企业各得其所，彼此获得了最大限度的发展空间和提升机会。

（一）校企合作的基本内涵与形式

校企合作是一种双赢或多赢关系。学校和企业是平等的合作伙伴关系。学校在选择合作企业时，不能简单地认为对方提供给学生的岗位就是合适的，要按照市场规则决定是否需要这样的岗位。必须把这种关系看作一种互惠互利、双赢多赢的关系，而不是单方面利益索取。学校与企业具有平等地位和权利，都拥有平等的话语权和主动权，不存在谁给谁打工、谁给谁提供岗位等方面的“从属关系”。学校与企业是两种不同性质和地位的组织，它们之间没有隶属关系，没有领导与被领导、命令与服从、控制与被控制等方面的关系。

校企合作的主要形式包括：①订单培养，即通过签订培养订单，将人才培养模式从学校向企业延伸；②现代学徒制试点，即将专业教学内容和标准直接融入生产过程，根据生产过程设置课程，学生直接参与实际操作和产品研发，实现学生培养与生产过程紧密对接；③联合办学，即院校与企业联合办学，高校的教师和学生进入企业实习、实训，校企双方共同制订人才培养方案；④学生顶岗实习，即学生在学习理论知识的同时到企业顶岗实习，结束后回到学校学习理论知识；⑤校外实习实训基地建设，即学校在本地建立校内实训基地或与当地企业共建校外实训基地；⑥科技研发合作；等等。

（二）校企合作需要遵循基本原则

1. 坚持自愿原则

自愿原则，是学校要主动与企业开展合作，企业要主动与学校开展合作。这是校企合作的前提条件，也是实现培养人才目标的必要条件。

自愿原则在学校和企业之间首先表现为“自愿”，而不是“被自愿”。所谓“自愿”，是学校和企业都没有组织任何强迫、欺骗、逼迫对方的行为和动机。学校主动与企业开展合作，指学校在实施教育教学过程中，主动与企业进行合作，如组建专业建设指导委员会，聘请企业工程技术人员为兼职教师等。这种合作，不仅体现了现代高校教育的职业性、实践性特点，而且体现了现代高校教育的社会价值，体现了现代高校教育与经济社会发展的密切联系。

2. 坚持优势互补原则

校企合作的本质是学校与企业的优势互补，实现资源共享，促进学校与企业共同发展。

作为新时代的高等院校，应努力挖掘自身的优势，通过与企业的合作，充分发挥自身在教学、科研和技术服务方面的优势。

一方面，可以将学校的专业特色和企业的生产、经营、管理等方面的优势结合起来，共同开发专业建设和课程教学。另一方面，可以把学校现有的实验实训条件和设备以及师资力量等资源与企业现有生产设备、设施等资源结合起来，为学生实践学习提供场地和条件。

总之，只有通过双方优势互补，才能真正实现学校与企业共同发展、共同进步。

3. 坚持互利共赢原则

校企合作的最终目的是实现互利共赢，企业和学校共同发展。校企合作是一种新型的职业教育办学模式，在实施过程中，既要坚持政府引导，发挥学校主体作用，又要尊重企业办学主体地位，企业以利益为纽带参与人才培养全过程。只有这样才能保证校企合作持续健康发展。

校企合作是一种优势互补、共同发展的模式，在双方互利共赢的基础上实现校内外资源的优化配置。校企合作必须坚持以市场为导向、以行业为依托、以企业为主体、以学生为中心，在合作过程中遵循自愿、互利、互惠等原则，真正做到“互惠共赢”，才能保证合作的可持续性。

4. 坚持服务企业原则

服务企业是现代高校教育的本质特征，是现代高校教育发展的根本目的。校企合作，要积极为企业服务，这是高校教育的生命力所在。高等院校应利用自身的办学条件和资源优势，积极主动地与企业建立多种形式的合作关系，把服务企业作为开展校企合作工作的出发点和落脚点，把满足企业需求作为开展校企合作工作的出发点和落脚点。高校与企业在开展校企合作时应坚持以服务企业为宗旨，通过不断深化校企合作，实现互利共赢，推动高校服务能力与企业发展需求相适应。

5. 坚持适应市场原则

市场是需求的总和，是社会需求的反映，是企业经营的指导方针，是人才培养的导向，是教育改革与发展的动力。适应市场原则是要根据社会需求和学校的办学条件，以市场需求为导向、以就业为目标、以培养适应社会需要的人才为宗旨，积极探索适应市场需求的人才培养模式，通过校企合作、工学结合、顶岗实习等方式积极主动地满足社会对人才的需要。要加强校企合作的规划管理，按照“按需设学、按需设教、校企联合、工学交替”的原则和“培养目标要符合市场需求”的要求，建立校企合作保障机制和质量监控体系，积极开展校企合作。

6. 坚持安全第一原则

高校教育的基本特点是实践性，没有实践教学环节，学生的能力培养就是纸上谈兵，学生的综合素质就是一句空话。“安全第一”既是高校教育的基本要求，也是高校教育发展的必然选择。

高校在实施校企合作过程中，一定要坚持“安全第一”原则，时刻注意学生人身安全、食品卫生安全、交通安全等。高校要做好对学生进行人身、财产及食品卫生等方面的安全教育，要及时做好对学生的心理疏导工作，防止意外事故发生。

学校在进行校企合作时，一定要切实履行自己的义务，依法保障学生接受职业教育期间的人身、财产及食品卫生安全。

二、校企协同人才培养的目标定位

（一）校企协同人才培养的宗旨

校企协同人才培养的直接效果是提高就业率，提高毕业生的职业水平，提高企业用人的效率。从宏观上讲，其最终目的是促进地方经济发展。所以，校企协同人才培养要坚定不移地始终坚持“为地区或行业的经济发展服务”的宗旨，为社会培养更多的应用型和专业化人才，以适应国家教育改革与发展的需求。校企协同人才培养还要突出“以学生为中心，以能力为导向”的指导思想，高校与企业要在多个领域（如人才培养、科研、技术研发、社会服务等领域）开展多种多样的合作模式，使校企资源互补、优势共享，从而更大限度地发挥高校和企业双方的优势与潜能，促进双方的共同发展，促进地方经济再上一个台阶。

（二）校企协同人才培养功能定位

高校这一为国家培养人才的重要场所，其教育导向必须与现代化社会相适应。在我国经济稳步发展的今天，高校应积极、主动地参与到国家经济建设大队伍中去，并结合自身的办学特点和育人优势，结合当地的经济发展和社会需要，积极与企业开展校企协同人才培养战略，开展全方位、多层次的校企协同人才培养工作。另外，高校要根据当地企业对各种人才的具体需要，完善育人体系，有针对性地培养企业需求的各种人才，改善人才培养的效率，提高人才培养质量，为毕业生提供多元化的岗位实习机会，并增加社会服务和科技服务的次数，提高他们在区域经济发展中的辐射力和贡献率，从而为毕业生的发展提供更多机会，为高校自身拓展资源、建设实训基地赢得更大的可持续发展空间。①

（三）校企共同制定人才培养目标

校企协同育人的目标是由学校与企业共同制定而成的。在人才培养过程中，要体现出企业未来发展的人才需求，从而确定正确的人才培养目标。在经济全球化的背景下，国家与社会对人才的需求也在不断变化，而在新时代，具备创新意识与创造力是人才培养的核心。作为高素质人才培养的主阵地，高等院校应该为我国培育高质量的创新型人才。为此，高等院校要与企业合作，以培养学生的创新意识、创新能力为主要培养目标。

综上所述，高校应积极与企业开展校企合作，协同育人，与企业共同制订出一套符合企业和社会需要的、具有较强实践能力的人才培养方案，为社会提供更多的应用型人才。

三、校企合作协同理念在大学英语教学中的应用

（一）研发可支持企业深度学习的理论课程

在“校企合作”的思想指导下，在大学英语人才培养的过程中，教师要充分了解与合作企业的对接岗位和相关行业，并从工作岗位出发，准确把握大学生所掌握的知识，掌握其所要培养的基本职业技能，从而使其既能适应企业对大学生英语人才的特定需求，又能适应当前大学生的成长需要。为了更好地建立大学英语人才的培养模式，必须综合各方面的信息，才能更好地发挥作用。为了更好地提高大学生的英语实践和运用能力，教学开发人员要加大对企业深度学习相关理论课程的研究和开发力度，为大学生英语表达水平的迅速提高打下坚实的理论基础。在实际工作中，教学开发人员要从企业的岗位需求出发，开发更多的特色实习课程，确保课程的针对性和实践性。以大学英语为例，由于其具有较强的应

① 张兰．校企协同创新创业人才培养体系的研究［D］．哈尔滨理工大学博士学位论文，2014.

用性，所以，实践中教师要确保对学生的英语语法、英语交流规则、专业知识进行指导和教学。在设计学生实习课程时，教师要对其进行不断的优化，使其更完善，保证实习课程既包含统一的校本理论课，又能融入与企业文化、专业英语等有关的内容，使其具有综合性和实践性。

（二）加强校企合作协同育人的项目化设计

在大学英语人才的培养过程中，统一的教材能够使学生形成系统的知识体系，而在此过程中，除使学生具备一个系统的知识体系外，还要加强他们的职业竞争力和创造力。因此，高校应加强校企合作协同育人的项目化教学模式的设计工作。在实际教学中，教师可以根据知名企业的具体情况，为学生提供一些具体的应用方案，让他们在掌握了理论知识后，能够有更好的机会进行实践，这样既能保证他们的英语表达能力和专业能力得到很大提高，又能让他们更好地了解企业人才的需求。在实习过程中，教师要给予学生鼓励，确保学生在实习中遇到问题和挫折时，能够及时地调整自己的心理状态，使学生能够不断地改进自己的不足。高校在培养大学生英语能力的过程中，必须坚持“实践性”和“理论性”并重的基本原则，确保培养出更具特色的应用型人才。高校要根据市场需要开展理论知识的教育，同时注意运用新的观念和新的方法，确保学生能够深入地掌握所学到的专业知识和技能，从而更有效地推动英语人才培养工作的顺利进行。

（三）开展实训教学，强化商业人才培养

当前，大学英语教学的程序与人才培养策略主要局限于英语理论课的教学，没有对学生的专业能力和英语的交流能力进行有效训练。教师的教和学生的学两个方面都存在单向性。例如，传统教学模式下，在英语词汇和语法的学习中，学生的主观能动性受到很大影响，教师的教学材料和真实的交际环境间也有一定的脱节，在很大程度上影响了学生的应变能力和语言表达能力的培养。因此，大学英语教师要树立与时代相适应的人才培养观念，有效运用校企合作的教学优势，使校企合作在教学中发挥更大作用。学校和企业间的合作，确保了大学英语教学和工作环境间的联系，并在虚拟环境中提供了一个真实的环境，从而确保了大学生在英语应用和交流方面的技能得到科学训练。在大学英语人才的培养过程中，教师要进行实训化设计，使之能有效地结合学生的实际工作岗位，有效地实现教、学、用的一体化。在学生岗位实习的过程中，教师要根据他们的工作情况，有针对性地设置理论课程，建立一种灵活、适应性强的英语人才培养模式，确保每个学生都能成长为符合岗位要求的、合格的英语人才。

（四）构建线上线下混合式人才培养模式

学生对英语相关工作岗位的契合程度能够在一定程度上反映出他们的英语水平，也能反映出当前大学英语教育模式中所存在的问题。在大学英语教学的过程中，高校教师应针对大学生的具体情况，为大学生设计或推荐相应的视频、音频类课程，以保证大学生在学习过程中，更好地提升自己在英语方面的核心能力。高校要依靠网络技术，通过校企合作，保证理论课程和实践课程的有机结合，快速提升学生的职业素养和竞争能力，实现向企事业单位输送高素质的英语人才的目标。在校企协同的理念指引下，高校应该积极引进国际上先进的教学观念和教学方法，以构建我国大学英语专业人才的培养模式。比如，高校在人才培养工作中，要始终坚持“以人为本”的教学理念，要从学生自身出发，保证教学模式可以更好地激发学生的自主学习能力，这将极大地影响到人才培养的效果。[①]

综上所述，校企合作协同理念在大学英语教学中的作用显著，对于提高大学英语教学效果、提高大学生的英语水平有着重要作用。因此，我们要重视并努力实施校企合作，协同培育社会和企业需要的英语人才。

第三节　创新思维理念及其在大学英语教学中的应用

一、创新思维的内涵

在分析创新思维的内涵前，有必要先对思维进行详细的了解。

① 万鹏．校企合作视角下商务英语人才培养模式的改进措施探讨［J］．企业改革与管理，2022（3）：102-104.

人类无时无刻不在用自己的大脑进行着思维创造，而人们却很少对自身的“思维”进行思考。在学校里，思维科学也很难成为一个独立的学科。虽然有脑科学、语言科学、逻辑学等相关学科，研究思维的物质基础、外在表现、各种形式等，但对于人类“思维”的整体研究却无法独立成科，这确实是一个遗憾，其关键原因在于很难为思维定义。那么究竟怎样给思维一个准确的定义呢？人们会从哲学角度、心理学角度、语言学角度给出不同的定义。如有的定义——“人类个体反映、认识、改造世界的一种心理活动”，立刻会有人质疑，认为该定义把思维纳入了心理学的范畴。

思维科学的创始人钱学森教授高度重视思维科学的重要性，把思维科学提升为与自然科学等并驾齐驱的一类科学。他提出了现代科学的一个纵向分类法，把现代科学分为六大部类：

（1）自然科学。

（2）社会科学。

（3）数学科学。

（4）系统科学。

（5）人体科学。

（6）思维科学。

这样，我们能够更加清晰地认识思维科学的位置，我们所提到的脑科学、语言科学、逻辑学、心理学等学科都可以统一在思维科学体系之下。而科学家提出了一整套思维科学的体系架构及其友邻科学，可以作为参考。总之，要为思维定义，一定离不开三个要素，即人脑、客观事物、内在联系。

首先，思维是人脑特有的机能，是人的大脑中进行的一种“活动”和“过程”，是一种生化反应。①

其次，思维是人脑对客观事物的反映。

最后，人类通过思维能够认识客观事物的内在联系，对客观事物形成间接的和概括性的反映。

---

① 胡加圣，陈坚林．外语教育技术学论纲［J］．外语电化教学，2013（3）：75-79.

那么，什么是创新思维呢？所谓创新，是在头脑中创造新的意象、表象和形象的思维及意识的过程。创新思维的产物是在社会本质和发展规律的范畴内进行的，因此要符合历史文化传统，达到引领社会历史与文化发展方向的作用。创新思维的产物应符合民众的审美需要、审美情趣和审美习惯，并引领民众的审美向前发展。创新思维的产物应该是在一定目的引导下、符合规律性的成果。不仅具有可理解性、合理性，同时需要带有一定的欣赏性和艺术性。

二、创新思维的培养方式

创新思维可以通过科学的培养方式进行，下面主要分析激发求知欲以及基于观察的想象两种方法。

（一）激发求知欲

求知是无知与发展的统一表现，是心理期望的直接表现。对于学习来说，只有学生的求知欲望被某种因素激发了的情况下，他们的思维才能比较活跃，思维能力才会得到更好、更快的发展。学生创新思维的培养也是这样的。所以，在大学英语教学的过程中，教学的一项重要任务是激发学生的求知欲，从而提高他们对英语学习的兴趣和探索能力，进而提高学习效率和教学效果。

（二）基于观察的想象

创新思维的一种培养方式是激发学生合理的想象力，但这种想象力是在观察基础上形成的。观察是有目的性的，是有计划、有组织的行为，通过对某一事物的观察可以增进主体对事物的了解，可以引导主体对事物的内部关系或结构进行分析，也能使主体深入掌握事物的特点，从而使主体发现更多的相关知识。对于大学生学习英语知识来说，通过深入观察学习和生活中的英语知识，并用心去体会，才能更好地抓住英语知识的特点，再加上富有创新性的思维想象力，可以更加牢固地掌握这些知识[1]

① 顾佳．创意思维训练研究［D］．四川师范大学博士学位论文，2015.

三、创新思维理念在大学英语教学中的应用

（一）教学文化的观念更新

教学文化是一种长期形成的教学传统、思维方式、价值观念、教学行为习惯的类型与范式，是教师与学生在一定的教学环境中所表现出来的一种生活方式。要使大学英语教学更好地发挥其创新思维的培养作用，就必须突破教学传统，转换教学思想，更新教学价值观，转变教学行为方式，创建一种全新的教学文化。

首先，要打破教师的权威，在学生的学习活动中，以及在学生间建立起一种平等的师生关系。在课堂教学中，教师并不是教学的主要对象，其角色不是将知识单向地传授给学生，而是组织、参与、指导和评估学生的学习。学生才是学习活动的主体，他们不仅要从教师那里获得知识，还要在教师的引导下，从不同的信息来源中积极地获取直接的知识。

其次，打破“知识论”的束缚，构建倡导“思辨”的教育氛围。大学英语教学既要让学生掌握语言的知识与技巧，又要让他们的认识与思考得到发展，让学生有勇气并且有能力去质疑权威，提高学生对所学语言知识及其承载的文化的真伪识别能力和价值判断能力，从而培养他们的探索意识与思辨精神。

（二）教师创新思维能力的提升

在教育信息化背景下，教师应具备创新思维能力，以便能够充分利用丰富的网络资源进行教育科研、教育创新。具体涉及以下几个方面：

（1）独特性思维，要求教师要具备丰富的中英文信息资源，可以设计出个性化的教学模式与方法。

（2）综合性思维，要求教师具备将语言学科与教育信息化技术进行融合的能力，充分利用网络技术的优势，提高语言教学效果。

（3）多向性思维，要求教师具备对资源信息进行总结、推理的能力，从而使语言教学的条件与教学效果得以改善。

（4）发展性思维，要求教师具备前瞻性眼光，顺应技术发展的趋势，对教学的发展前景做出合理预测。

此外，从教学方法上看，具备创造性思维的教师可以将多种教学方法综合起

来使用，根据不同的学生与主题内容而设计不同的教学活动与展现方式，引发学生主动思考，培养学生的创新意识与创新能力。在新的社会环境下，教师应该充分利用各种教学资源进行教育创新和教育科研。独特性思维要求教师对中英文信息资源有足够的掌握，从而设计出个性的教学模式和方法。多向性思维要求教师具备对教学资源进行归纳的能力，从而优化自己的教学效果。综合性思维要求教师有将语言学科与科学技术融合的能力，将科学技术最大化地运用到教学中。发展性思维要求教师的眼光应该具有前瞻性，跟着技术发展预测教学的发展前景。

第四章　教育信息化背景下大学英语教学方法创新探索

在实际的大学英语教学中，教学方法多种多样，本章主要论述四种，即自主学习法、交际教学法、情境教学法、任务教学法。

第一节　自主学习法

一、自主学习法的认知

（一）自主学习法的发展

自主性学习起源于20世纪60年代对人的终身学习技能与独立思考能力培养的讨论。在“终身学习”理念的推动下，“自主学习”逐渐成为外语教学改革的一个重要方向。直到20世纪80年代初期，如何培养学生的自主学习能力成为国内外学者的研究热点。

（二）自主学习法的特征

自主学习法是一种以学生为中心的学习方式，它强调教师要给学生创造一个独立的学习环境，自觉地按照系统而稳定的教学架构来指导学生进行自学，使他们逐步成为一个独立的学生。

从理论上讲，自主学习法的特点可以归纳为如下几点：

（1）自主。在这一教学模式中，学生不再是被动地接收知识，而是学习的主动者。自主学习是在教师的指导下，由学生自行选择英语学习途径，并且能够通过英语的经验与实践而解决问题。自主式教学能有效地调动学生的内在动力，充分发挥他们的潜能。老师在学生的自我意识中引导，不会告诉他们答案，只会给他们一些问题的线索，让他们找到一些蛛丝马迹，然后运用这些线索解答他们的问题。这种方法有利于培养大学生的自学能力。

（2）民主。师生互动是师生平等、和谐、民主的互动。在自主学习过程中，老师扮演着组织者、鼓励者和引导者的角色，学生可以自由地表达观点，并与老师、同学进行自由的交流，从而培养出自己的个性特征。

（3）公开。在这种教学方式下，教师的教学内容、目标、时空、方式、设计、组织形式，以及教学评估等方面都呈现出开放的特征。在自主学习过程中，老师仅对其进行整体的引导，具体的学习时间和地点完全取决于学生自己。在学习中，学生可以自行决定学习目标、学习内容、学习方法和学习规划，并对学习结果作出反馈和评估，从而为其学习行为承担责任。

（4）创意。每个学生都是独立的、有其独特的性格。所以，在英语课堂上，教师应注意传授知识、引导学生主动、创造性地进行探究。自主化的目标并非单纯地重复所学的内容，它更多地体现在将现有的知识和创新性的知识系统有机地融合在一起，从而实现对其再创造。在自我学习过程中，通过自我反省，提高自我意识，促进创新、问题的产生，培养学生独立的学习意识。

可以看出，自主学习指个人可以控制自己的学习行为，在这种情况下，学生的自我规划、自我管理、自我监控和自我评价都是一种元认知策略的运用。

二、自主学习策略

学习策略训练，尤其是元认知策略[①]培养，对于激发学生的学习动机，提高

① 元认知由弗拉维尔于20世纪70年代提出，又称为反思认知、反省认知、超认知、后设认知。元认知就是个体关于自己的认知过程的知识和调节这些过程的能力。元认知策略是一种典型的学习策略，指学生对自己的认知过程及结果的有效监视及控制的策略。元认知策略控制着信息的流程、监控和指导认知过程的进行，包括计划策略、监控策略（注意策略）和调节策略。

学生的元认知水平，优化学习方法，提高学生的自我监控能力，以及更有效地发展其语言水平等各方面都具有十分积极的作用。

自主学习的教学模式指在自主学习理念的基础上，为学生创造一个支持性的学习环境，让学生在这个过程中形成良好的协作关系，让他们学会自我管理，学会自我评估，逐步变成一个自主的人。

因此，为学生创设和谐、互助、自主的环境是自主学习教学模式的核心部分。① 从宏观角度看，教师在教学设计过程中，应该全方位地考虑以下方面：

（一）以学生为中心，发挥教师主导作用

自主学习教学模式认为，学生应参与课堂设计、学习监控、学习管理以及学习评价。在学习过程中，学生享有充分的自由，可自由选择学习活动的时间、方式、角色、处理方式、成果展示方法等。

与此同时，我们也要意识到，自主学习应该在教师的引导下，有计划、有组织地进行，并且要把学生的自我管理放在英语课程的整体计划中，这需要教师在其中起到主导作用。② 在学生自主学习过程中，教师的主导作用表现为：制定教学目标，实施学习计划，监测学习过程，并对学习效果进行评估。

（二）策略教学，培养策略意识

自主学习教学要求学生能够运用所学策略指导学习，从而提高学习效果。研究表明，缺乏元认知策略意识的学生无法将语言输入与已有的知识加以整合，也不能有意识地使用已掌握的知识。因此，自主学习教学模式认为，应开展策略教学，以培养学生的策略意识。③

（三）外部监督转变为自主监控

学生学习自主性的培养要经过由外部监督到自主监控的转变。为此，在对学生进行必要监督的基础上，应加强对学生间的监督。通过小组学习、合作学习、学习文件夹、自问自答等方法，使学生间进行相互监督和自我监督。当技术条件

---

① 傅军．多元智能理论指导下的大学英语自主学习活动组织策略［J］．语文学刊（外语教育教学），2014（5）：128-129.

② 陈长安．探究教学策略在英语课堂中的尝试和体会［J］．中学生英语（高中版），2009（16）：1-3.

③ 任冰，张巍．多元文化背景下大学英语教学改革刍议［J］．黑龙江生态工程职业学院学报，2014，27（5）：91-92.

具备时，可采用计算机网络系统对学生的自主学习情况进行监测与评估。

（四）搭建自助学习平台

要保证学生自主学习的顺利进行，就必须结合学校的实际情况，创建英语自助中心。学校在其中开设聊天室、英语沙龙、英语论坛、学习策略讲座等活动形式，让学生进行自助听力、自选阅读、自由对话等。①

除此之外，学生还可以根据自身的特点，通过学校设置的英语自助中心，设计出自己的学习任务，并在教师的指导下，及时调整自己的学习计划。教师要根据学生不同的语言水平、学习方式、认知风格、学习环境等，有针对性地对其英语自主学习进行引导与帮助，设置不同的学习任务，用不同的评价标准来评价学习的过程和效果，培养学生的自学能力。这种方式不仅能充分发挥学生的自主性，还能达到自主学习英语的目的。

三、大学英语自主学习的必要性

（一）自主学习是改善我国教学现状的要求

当前，在我国高校英语教学中，教师对学生的学习管理得过多、过严，在课堂上依然是以教师讲授式为主要的知识传授模式。在传统的英语学习方式中，教师在学习内容、进度、教材选择、成绩评定等方面都具有举足轻重的作用。在英语教育中，如何提高学习的主动性和创造性，是提高学生学习效果的主要途径。

目前，国内高校英语课程存在时间紧、任务重等问题，许多老师都把大量的时间花在教授英语的知识上，忽略了对语言技巧的培养，学生在有限的时间里不能高效学习到知识内容。而英语又是一门非常实用的学科，要真正精通它，需要在听、说、读、写、译等各种技能上下功夫。所以，只在有限的教室里，想学好英语是不可能的，要想学好英语，学生在学习的过程中要充分结合自己的实际状况，对所学内容进行复习、理解、消化和吸收。

英语教育的目的在于使学生成为独立的学生，而非依靠老师的学生。在英语教学中，应注重教与学的关系，注重学生的自主性和能动性的培养，从而使学生

① 吕林．皮亚杰建构主义理论模式下大学英语自主学习培养研究［J］．海外英语，2017（3）：73-74.

成为一个独立的、自主的个体。英语教学的一个主要目标是让学生在没有老师引导的情况下主动学习和运用知识。因此，教师要教导学生除依靠课堂上、课本上的知识练习英语，还要在课后找到更多的练习和掌握英语的方法，使自己终身受益。

（二）自主学习是科学技术迅猛发展的要求

21 世纪，科学技术得到了迅猛发展，知识的更新换代越来越快，人类进入到信息社会时代。现代信息化社会的信息量急剧增加，知识更新的频率越来越快，人们已经意识到学校教育不可能为学生提供所有的知识，学生在学校中也无法学到自己一生所需要的所有知识和技能，无法适应迅速变化的环境，无法满足不断发展的社会对于人才和职业的要求。

国外学者对处于不同时代，即农业经济时代、工业经济时代和当今的知识经济时代的人们接受教育的年限进行了分析。结果表明，在农业经济时代，人们在 7~14 岁接受的教育就能够应对以后 40 年的工作和生活；在工业经济时代，接受教育的年限则有所延长，变为 5~22 岁；在现如今的知识经济时代，学习已成为人们终身的需要。①

由此可见，随着科学技术的发展，人们的观念必须与时俱进，打破一次性教育定终身的观念，不断从不同的渠道，以不同的方式和途径获取信息，进而充实自己。“自主学习”和“学会学习”已经成为教育界的最强音。现代学校教育的一个重要目标是培养学生的自主学习能力，以满足社会发展的需求。这就要求现代大学生转变“以师为本”的学习方式，从依靠教师的心态中解脱出来，在工作和生活中，通过自主学习来获取所需要的知识与技能。

（三）自主学习是终身教育体系的需要

在传统的语言教学中，注重的仅仅是对学生知识的灌输和技能的培养，远远不能适应现代教学的需要。构建终身教育体系，是社会进步与人自身发展的必然要求。终身教育制度突破了把生命划分为学习与工作两个阶段的传统理念，突破了传统的封闭与终极性的学校教育制度，让教育成为一个与人终生相伴的、不断

① 朱国宾．多校园管理的困境及解决途径［D］．天津大学博士学位论文，2009.

发展的活动，成为工作、生活乃至生命的一个有机组成部分。

将来的社会是一个不断学习的社会，每个人都要通过不断地自我学习、自我发展和完善来满足社会发展的需求。时代的发展对人的终身教育提出了更高的要求，要求人们要具备独立于教师和教室之外的学习能力。

（四）自主学习是个体发展的需求

我国对于英语教学的投入很多，但是收效甚微。造成这一问题的主要原因是我国传统的英语教育只重视“教师的教”，不重视“学生的学”，片面强调教师单方面的输入，忽视了学生作为学习主体的地位，在教学活动中“一刀切”，忽视了学生的个体差异。

学生之间存在很多差异，不同学生具有不同的学习特点。教育研究者一直在研究造成学生个体差异的原因。随着研究的不断深入，人们发现，造成学生个体差异的原因有两方面，即先天和后天。人们无法干预或决定个体差异的先天因素，只能尊重他。但通过学生的自主学习能力可以弥补个体差异，改善学生的学习效果。

（五）自主学习是学习型组织的需要

随着社会以及科学技术的发展，人们对于知识的重视程度不断提高，很多公司、企业、单位等为了提高员工的工作绩效，革新技术和产品，增强自己的市场竞争力等，开始由传统的组织向学习型组织转变。

学习型组织主要强调新知识和新技术的学习、创造及转化在组织发展中的作用。为了适应这种要求，组织内部的学习、培训方式也由传统的以教师为中心的集体学习模式转变为分散学习模式。与传统的组织培训方式相比，分散学习模式有以下特点：①

（1）分散学习模式的学习是学生自我管理，而不是由他人管理的。

（2）分散学习模式的学习主要是独立的、自我定向的，或者采用小组合作、相互依赖的方式，而不是大规模地以培训者为中心的集体培训。

（3）分散学习模式的学习内容是个别化的，而不是预设的。

---

① 剧锦霞，倪娜，于晓红．大学英语教学法新论［M］．北京：中国书籍出版社，2013.

（4）分散学习模式的学习成本将降低33%～50%。

（5）分散学习模式的学习成果的应用主要是直接的，而不是延后的。

可见，无论从学习的组织形式上看，还是从学习的效果上看，学习型组织都对员工提出了更高的要求，要求其成员更好地开展自主学习。①

四、教育信息化背景下大学英语自主学习能力的培养策略

（一）应用信息化技术线上引导与面对面交流，降低学生的焦虑

信息社会的到来和科学技术的高速发展，使学生接触到的高科技产品越来越多，获取信息的渠道也越来越广。但是，如此多的信息获取渠道，反而会使学生不知从何下手，浪费时间的同时也没有收获新的知识。这一负面影响最为显著的表现就是大一新生，在他们还没有适应新的学习环境和方式时，自身的思维和意识依旧停留在对教师的依赖中，希望得到教师的指点和引导，由此便决定了他们在没有接收到教师及时的指导之前，会产生一定的焦虑情绪，甚至会失去学习的信心，从而无法完成学习任务。②

因此，教师应该使用网络在线信息引导和课堂面授反馈相结合的方式，帮助学生掌握英语学习方向，提高英语学习的效率。

1. 在线信息引导

在线信息引导指教师通过网络对学生进行语言学习的指导和帮助，帮助学生减少花费在浏览网页上的时间，更快、更好地进行信息的选择和获取。在网络通信软件的帮助下，教师可以将每堂课的教学要点和难点告知学生，指导其利用网络来学习不同的知识点，并学会攻克不同的知识难点，提高其学习效率。由此，可以在一定程度上减少学生因与教师面对面交流而产生的胆怯和不安，让学生在学习方面获得成就感的同时增强对英语自主学习的兴趣。

2. 课堂面授反馈

在现代教育理念和教学模式中，大学课堂教学的重点不再是教师，而应是学

---

① 田晓芳．大学生英语自主学习能力培养探析［J］．教育探索，2015（5）：83-85.

② 李琴．信息化条件下的大学英语自主学习动机培养［J］．湖北第二师范学院学报，2017，34（4）：102-105.

生，也就是人们常说的“翻转课堂”。翻转课堂采用多种多样的方法检查学生线上和线下的学习情况，告诉学生存在的普遍问题，引导学生分析造成共性问题的原因以及应该采取的措施，不断提高自主学习效率。例如，在读写课堂教学中，主要训练学生的阅读技巧。为实现这一教学目的，教师可以先就文章不同的段落为学生设置相应的问题，并对每一段落中的核心词汇和短语加以重点标注，使学生在借助网络进行英语自主学习时，可以针对教师所设置的问题进行学习，在节省时间的同时提高学习效率。学生在学习这一文章时，还应借助网络了解与文章作者、写作背景、写作目的等有关的学习资料，厘清并分析文章的段落结构，把握文章的主题思想。在进行下一次教学时，教师应让学生对文章中的短语和词汇加以翻译，并进行词汇造句、段落讲解和情境对话，这样可以较为直观地检验学生的学习情况。在课堂教学活动结束后，教师首先要对学生的自主学习加以肯定和表扬，然后指出其中存在的问题，帮助学生发现自主学习的不足并加以改进，增强学生自主学习的信心。

（二）采取丰富多样的教学方法，培养学生的自主学习兴趣

在信息化社会中，英语教学拥有丰富的教学资源，可以采用较为直观、生动、形象的教学方法，帮助学生更好地进行自主学习。但应当注意的是，教师在为学生选择学习视频或音频时，应在结合所要学习的知识点的同时考虑学生的现有语言水平，增强学习资源的针对性和有效性。

1. 主题讨论

主题讨论借助 QQ、微信等网络通信技术得以实现。在进行主题讨论时，教师可以以单元教学内容为依据进行问题的设置，并将学生分成几个学习小组进行讨论。在进行问题讨论时，学生可以脱离内容的限制，在不考虑自己的观点正确与否、语法正确与否的情况下，将自己置于与教师平等的地位进行探讨。[①] 在一个较为自由、宽松的学习环境中，学生可以最大限度地激发学习兴趣，发散学习思维，通过面对面的沟通与交流，养成使用英语进行表达的习惯。当然，在课后，教师应安排学生对自己的语法和有待学习的英语词汇进行查找和学习，以增

① 李琴．信息化条件下的大学英语自主学习动机培养［J］．湖北第二师范学院学报，2017，34（4）：102-105.

强学生的词汇印象和记忆。

2. 人机交互

教师应大力提倡学生借助英语语言学习平台，进行《视听说》教材中的口语和听力训练，并边听边复述所听到的内容与对话，掌握句子中单词连读、弱读和重读的发音技巧。由此，不仅可锻炼学生的听读能力，在一定程度上也有利于学生的口语表达能力，还可训练学生利用英语进行对话的能力，激发其学习英语的热情和兴趣，从而更好地开展英语自主学习。

3. 课堂情境创设

传统的英语教学方式和教师的备课模式在信息化社会中出现了大的改变。在现代化的英语课堂教学中，教师不再是一个人站在讲台上滔滔不绝地讲课，更多的是欣赏学生的学习作品与成果。教师在进行备课时，也不再如传统教学那般在纸张上罗列教学过程，而是借助 PPT 等现代信息技术，在授课过程中插入相应的问题，并让学生进行预习。例如，在正式上课前的导入部分，教师可以利用多媒体或电脑播放一首与学生要学习内容有关的歌曲或视频，激发学生的学习欲望和兴趣；在教学过程中，教师可以安排学生进行小组讨论、抢答、学生制作与展示 PPT、歌剧表演等，也可以让学生自主选择表现形式，让学生充分展现自我，在愉快的氛围中进行英语自主学习。

（三）培养合作式的学习氛围，激发学生的自主学习动机

多元化是大学英语自主学习在信息技术环境下的一大特色，但不可否认的是，信息技术也会对英语学习产生一定的负面影响。例如，有的学生因为缺少与教师面对面的交流而产生学习焦虑，严重的甚至会放弃英语学习。在学生进行自主学习时，如果教师适时参与其中，就可以缓解这一问题的出现。由此，在英语自主学习过程中，可以借助以下几种方式减少学生焦虑情绪的产生：

1. 在线交流

教师可以借助网络通信软件与学生进行在线交流和讨论，如学生在借助网络进行英语自主学习时，遇到了自己无法解决的知识难点，可以通过 QQ 或微信等通信工具向教师进行在线咨询和提问，也可以在群里进行相关问题的讨论和问答。这期间，每个学生都可以自由表达自己的观点，也可以对个别知识点的学习

进行合理性质疑。在线交流的学习形式并不限于以上形式，学生还可以通过 QQ、微信语音功能进行自我介绍，传递电子邮件，并通过讨论、提问、辩论、交流学习体会等培养主动参与的意识。

2. 在线合作学习

在线合作学习过程中，教师应根据教材或与教材相关的内容为学生设置相应的问题和任务，学生可以选择自己独立解决问题，也可以选择与同学进行合作。而与同学合作学习应是英语基础好的学生带动基础差的学生学习，并对其进行辅导。灵活性是在线合作学习的一大特色，只要学生能在规定的时间内完成，就可以选择同时进行或不同时进行的方式。最后，合作学习的成果在全班共享，特别优秀的成果也可以在年级共享。

3. 课堂合作学习

课堂合作学习是教师把课堂的主角让给学生，让学生积极参与课堂，避免课堂沉闷气氛，易于培养学生独立思考和敢于发言的能力。在大学英语课堂教学中，教师发挥的作用主要体现在两个方面：一是启发，二是引导。在课堂合作学习过程中，教师可以采用拼图法、猜词法、抢答法、编号法、分组讨论法、记分法等不同的组织形式，根据学生的实际水平设置相应的问题和教学内容，力争让每个学生都可以参与其中，让每个学生都可以感觉自己受到了教师的重视。在学生讨论后，教师可以选择几名学生阐述自己的观点，并针对学生的观点进行点评和总结。在总结的过程中，教师首先要对学生的观点加以肯定，在此基础上提出其观点的问题和不足。这一学习方法在活跃课堂气氛的同时，也会拉近学生与学生之间、教师和学生之间的关系，帮助学生克服焦虑情绪，强化其进行语言学习的动机。

综上所述，教师应根据授课班级的具体情况进行具体分析，采用合适的教学方法和手段，并充分利用现代信息技术和多媒体，营造一个轻松的学习环境与氛围，激发学生的学习动机与兴趣，为社会发展培养所需要的人才。

五、教育信息化背景下自主学习中心及其建设

（一）大学英语网络自主学习中心的构成要素

目前，许多学校已建有网络外语自主学习中心，并以此作为实现网络外语自

主学习的主要形式。网络外语学习中心作为学习平台，与传统的自主学习中心存在巨大差异。相对于传统自主学习中心的物理场所概念，网络自主学习中心实质上是一个在线学习支持系统。

一个理想的网络外语学习中心，通常包括以下元素：

1. 学习资料和使用指南

（1）学习资料，包括各类书籍文本资料、多媒体视听资料、课件、测试题等。

（2）使用指南，包括学生使用平台上的学习资料。学习指南既可以是文本形式，也可以是应用程序的形式。

2. 在线导师辅导和学生档案系统

（1）在线导师辅导。它针对学生的特点和需求，提供实时的辅导，解答学习方法和学习内容方面的问题，帮助学生做出决策。在线辅导人员必须具备全面的英语教学专业知识，一般可由大学英语教师担任。

（2）学生档案系统。它记录学生在学习中心的各种学习活动和结果，包括学生的来访记录、资料使用情况、测试与评估情况等。

3. 测试与评估软件系统

此系统可以为学生的英语水平、学习能力、学习风格等提供在线评估，也可以提供学习决策和建议。如果教师在学生需要时提供在线支持，则效果更好。

4. 在线互动平台和在线课程

（1）在线互动平台。它为学生相互间的交流提供平台，如 BBS、博客等。

（2）在线课程。学习中心可以提供学校正式课程以外的辅导型课程，以帮助学生有针对性地提高相关能力。

（二）大学英语网络自主学习中心的作用

1. 优化学生的自主学习环境

当前，多数高校英语网络自主学习平台均通过校园网进行登录。随着时代的发展，学校的硬件设施越来越先进，自己拥有电脑的学生的数量也越来越多，所以，现在一般有两种自主学习环境，一种是去机房学习，另一种是用自己的电脑学习。

对于去机房学习的学生，在安排学习时间时，必须针对英语网络自主学习室的学习安排配置专业的辅导教师负责解答学生提出的各种问题，同时学校公共计算机机房资源应该按照现实状况面向学生进行开放。自主学习平台应该通过学习预约系统安排机位学习时间，使学生享受到更好的服务。

对于用自己电脑学习的学生，可以不用安排特定的学习时间，让学生根据自己的实际情况，选择自己需要的或者感兴趣的学习内容，并且要安排线上答疑教师，解答学生线上提出的各种问题。

2. 增加趣味性的学习互动模块

教师是师生互动的主导者，教学效果在互动教学的推动下会获得极大提升。因此在设计网络学习系统时，应着重关注互动环节在网络英语自主学习平台中的实施，互动模式要与多种社交平台进行融合。为了实现及时互动与在线教学，应该将学习互动交流群、学习微信公众号、学习讨论微博平台与学习答疑平台融入学习系统中。为提升学习的吸引力以及学生对学习的兴趣，应该在现代化社交模式的基础上实现立体化的教学互动。

3. 引入移动 APP（应用程序）学习模块

在移动网络极速进步的大背景下，现在的大学生群体已经开始广泛使用智能手机，移动设备在大学生的交往生活中发挥着重要作用。大学生的手机置入大学英语自主学习平台的 APP，可以让学生摆脱时空的限制，真正获得自主性，从而消除传统学习的弊端。同时，APP 可以按照学生的学习状况及时通知其学习进展，并把多数学生提到的学习难点推送给每个用户。在大数据的协助下，对引起学生关注的学习资源统计进行及时公开，引导学生通过手机 APP 在课余时间学习，可大幅地提升学生学习的主动性以及学习成效。① 大学英语网络自主学习平台建设可以使学生摆脱时空的束缚，提升学习的个性化、自主性以及选择性。利用规模庞大的网络学习资源库，能够增强学生学习大学英语课程的兴趣，使学生的英语语言综合能力得到显著提升，使科学化、网络化、智能化成为大学英语教学未来的发展趋势，推动大学英语教学的进一步发展。

---

① 赵国涛．大学英语网络自主学习平台资源建设与应用研究［J］．电脑知识与技术，2017，13（9）：5-6.

（三）大学英语网络自主学习中心建设的措施

1. 加强外语信息资源个性化建设

目前，各大高校自主学习中心采用专门制作的学习资源，如《新视野大学英语》系统，该系统涵盖词汇练习、翻译练习、听力、写作练习等同教材学习相关的方面。此外，诸多高校的学生听说训练系统选用的是《体验英语》《新理念大学英语》，虽然学生拥有了出色的学习平台，但与学生个性化学习的要求还有很大差距。自主学习中心必须对外语学习资源进行进一步拓展。①

一方面，在信息化高速发展的今天，教师能够按照学生能力对其他国家的原版教学资料进行收集与编辑，并在学生自主学习过程中运用这些素材。与真实的语料进行密切接触是语言学习的必由之路，鉴于学生对有趣的内容更加感兴趣，系统中心可对西方电视台的诸多节目，如新闻、娱乐、访谈等的视频进行收集，并供学生选用。同时，虽然大部分教师在教学过程中鼓励学生在课余时间对西方国家的主流媒体、报刊上的文章进行浏览，但现实中只有极小部分的学生具有这种积极性。因此，教师应该在资料库中定期置入经过仔细挑选的素材，为学生的自主学习奠定基础。而且，若条件充分，还可将部分语言指导融入其中。

另一方面，当前我国大部分高校均将 EAP 教学（学术英语教学）作为未来英语教学的重点加以推广，提供的学习资源以学生的专业为依据。总的来说，不仅要满足学生的一般需求，而且要使学生获得个性化学习空间。

2. 突出教师在自主学习中心的作用

教师在构建自主学习中心的过程中发挥着重要作用，是资源收集的很大主力。由于教师长期从事教学活动，熟知学生在学习方面的状况与要求，因此要有针对性地对学习材料进行收集与挑选。并且，系统中心必须及时更新视频和各种时事资源，而这与教师的认真劳动有着密切的联系。此外，由于在专业方面具有一定的限制，外语教师在对关于 EAP 教学的资料进行收集时，有时会碰到其他学科的专业资料，因此外语教师应该与专业课教师保持密切的联系。

---

① 曾妍．信息化环境下高校大学英语自主学习中心的建设［J］．英语广场，2015（6）：107-108.

在学生自主学习过程中，教师发挥着重要作用。尽管自主学习为学生学习语言提供了很大便利，但面临着监督乏力、指导不力的问题。在高校扩招的背景下，高校学生人数大幅增长，教学占据了教师的大部分精力，因此自主学习中心无法安排专业的辅导教师。然而，当前很多大学生仍然同高中时期一样，对教师有很强的依赖性，有的学生在挑选学习素材时仅关注相对简单的部分。因此，为了使学生的自主学习水平得到增强，教师必须发挥引导作用。教师应该鼓励学生制订具体的学习目标与学习计划，认真挑选学习材料与方法，管控学习进度，评估自身的学习成效。在此过程中，教师应该将各种问题反馈给学生，使学生慢慢体会到自主学习是课堂学习的拓展，而不是无关紧要的。教师不仅应该教授学生语言文化技能，还应该作为研究者去指导学生学习与探究的方法。

3. 提升自主学习中心的管理水平

只有全体工作人员一起努力，自主学习中心才能正常有效运转。首先，技术人员应为硬件设施提供维护工作；其次，只有全院领导和教师同心协力，中心才能正常运转。领导进行整体规划，教师承担方案的推行，并在推行时寻找问题，对有关数据进行收集，为接下来的调整奠定基础。此外，信息交流应该有畅通的渠道，只有如此，上级领导的要求才能顺利传达，中心的运转状况才能明确地呈现出来。[①]

大学英语的教学和改革在信息化推动下有了长足进步。大学英语教学在自主学习中心的协助下变得更加生动活泼，同时面临着更多挑战。自主学习中心使传统的教学模式发生了很大改变，为学生提供了极为丰富的学习资源，推动了学习方式朝个性化方向发展。然而，自主学习中心建设不是为了使教师获得更加充裕的休息时间；相反，需要教师付出更加辛勤的劳动。学校和学院应该在资金与政策方面提供更多的支持。唯有激发教师的积极性，全员参与，才能确保达到更好的教学效果。

① 曾妍．信息化环境下高校大学英语自主学习中心的建设［J］．英语广场，2015（6）：107-108.

第二节　交际教学法

一、交际教学法概述

20 世纪 70 年代初期，交际教学法逐渐产生。从 20 世纪 70 年代中期起，“交际能力”概念上包含了教育的实践、理论和研究的重大问题。这时人们开始逐渐认同从社会的角度观察语言，于是社会需求和“交际能力”两个概念相结合，形成了新思想即“交际语言教学”。其后，这种教学法传入中国，并得到了较广的应用。

在教育信息化英语教学改革中，学生在信息化学习平台上进行口语模仿训练并提高口语交际能力，形成了“以学生为中心”的交际课堂、英语跨文化沟通课堂。这种学习方式能够增加学习的趣味性，使学生在交际中获得认同感、产生愉悦感，从而激发他们的学习兴趣。[①]

（一）交际教学法的原则

1. 以学生为主体原则

教师在交际教学法中，主要从两个方面进行教授：首先，教师要营造出轻松的氛围，让学生把课堂当成一个没有压力的语言实践场所；其次，从预习课本到课上实践、课后复习，教师要有意识地开启学生的主观能动性，每一个环节都让学生自己思考、发现并解决问题。通过教师与学生角色的变化以及教材内容的选择来着重体现以学生为中心的教学理念。对大学英语教师来说，这是一个挑战，他们需要充分了解每个学生的差异，选择针对每个学生的教材，也可以根据不同的学生来选择和推荐教材给他们。

---

① 洪鲲鹏，吴娅敏，江辉．浅谈英语信息化教学方法的创新［J］．科教文汇（下旬刊），2020（24）：180-181.

2. 以意义为中心原则

交际教学法中，意义的传达尤为重要，因为在与他人交流的进程中，不管是用母语还是其他语言与人沟通，大多数教师更加重视在课堂上使用结构主义的方法，重点讲解句子的词汇、语法的结构。正是因为这种传统的教学方法，很多学生在真正的对外交往场合显得无所适从。学生在课堂上基本是为了学而学，大学课堂上的英语文段并不是实际生活中的口语。

在授课中教师应尽量减少在交际教学法中挑学生语法上的错误，应尽可能地接受学生在语法上所犯的错误。包括语言学习在内的任何学习，都是在犯错改错的过程中进步发展的，只要学生能够完整地表达出意义和观点，作为教师不要过于指正语法上的错误，更需要做的是帮助他们顺利、完整地表达观点。但不是说教师只重视语言意义的培养而完全忽视语言在形式上的表现，教师需要让学生们来主宰、支配语言，并广泛应用于生活中。

3. 以任务为指向原则

教师应在语言教学中给学生提供交际活动或分配任务，让他们能够学有所用，让他们在真实的交际中运用他们所学的语言，通过这种语言交际使学生在实践中更深入地掌握所学的语言。在交际型教学中，应将语言的学习与其他学科的学习任务相融合，将语言作为学习其他学科的中介，不可只限于对语言本身的学习，或者是将语言作为一门独立课程来学习。实际上，若以任务为中心，学生间可以有更多、更真实的交流，那么学生的积极性会更强，所以任务和交际是分不开的。除此之外，学生可以在英语辩论、英语演讲、英语段子等形式的课外活动与任务中培养并发展自己对语言的运用与驾驭能力。

4. 真实性原则

交际教学法中的真实性原则主要体现在以下两方面：

第一，强调教学内容的真实性。教学内容贴近生活可以有效地培养学生的交际能力。以在实际生活中很少使用的书面语言为教学基础，不利于培养学生的语言交际能力。

第二，强调教学环境的真实性和语言实践环节的模拟性。交际教学法使我们更强烈地意识到只教会学生掌握外语的结构是不够的，学生还必须在真实的环境中将这些语言结构运用于交际功能中。

交际教学法不仅要求学生使用真实语言，还要求使用的语言具有创造性和不可预测性。也就是说，交际教学法要求语言的形式实用且丰富多彩，不能为表现对语言知识的掌握而使用。此外，交际活动的角色一定要真实，教师要让他们对交际存有愿望和期待，鼓励学生融入自身所扮演的情境角色中。

（二）交际教学法的展示功能与语言

社会语言学认为，语言的社会交际能力是其最本质的功能，即语言的基本功能是交往和交际。

因此，交际教学法（The Communicative Language Teaching）是以社会语言学理论、心理语言学理论为基础，以交际功能为大纲，以交际能力（Communicative Competence）培养为目标的教学法体系。

通常，相同的语法结构在不同语境中会完成不同的功能，例如，“I'm cold”可以是陈述、抱怨、请求到温暖的环境中、建议关上门窗等。同时，不同的语法结构在不同的语境中可以完成相同的功能。例如，向别人打听时间的说法有下列数种：

（1）Excuse me，could you tell me the right time，please?

（2）What time is it，please?

（3）What's the time?

（4）Time?

（5）How much longer have we got?

（6）My watch seems to have stopped.

这些表达形式都是完全合乎语法的，重要的是如何在不同的交际场合下选择合适的表达方式。

在学习过程中，学生在任何场合都会选择那些过于正式的表达方式。例如，学生可能在咖啡店里对侍者说：“Please bring more coffee.”而较得体的表达方式应是“Could I have another cup of coffee，please?”

因此，掌握一种语言需要掌握这种语言的形式，语言能力不仅仅指其能够造出合乎语法规则的句子，而指能够恰当使用语言。卡纳尔（Canale）和斯温

（Swain）（1980）认为，交际能力由四部分组成，具体如下：

（1）语言能力：为了意义的表达，学生必须掌握词汇、句法等方面的知识。

（2）社会语言能力：了解关于目标语的社会文化知识能够帮助学生在交际过程中话语表达的适切性，知道如何询问对方及如何运用非语言交际手段达到交际目的等。

（3）语篇能力：在语言交际过程中，无论是语言输入还是输出，都要求交际者具备感知和处理语篇的能力，以便对先前听到或读到的句子和句群进行意义解码，形成意义表征。

（4）策略能力：当学生的语言能力、社会语言能力和篇章能力方面的知识不够全面时，策略能力可以加以弥补。

由此可见，交际者应根据交际语境的要求，选择恰当的词汇和句法手段表现正式、非正式语体，利用语音语调的表意功能，辅以有效的肢体语言即非语言交际手段，如面部表情、身体动作等，实现成功交际。

二、教育信息化背景下交际教学法的教学途径

（一）计算机辅助教学（Computer Aided Instruction，CAI）支持的英语交际教学

在这种教学模式下，研究人员利用计算机辅助教学资源和相关的软件进行大学英语交际活动的教学。

1. 计算机辅助教学为交际教学提供了标准的语音资源

运用多媒体技术，如图像、视频、声音和动画等，可以在一定程度上指导学生的学习。学生不再局限于完全依靠教师来理解正确的发音、意思和用法，他们可以在电脑或移动装置的辅助下进行英语的学习，其中包括以交际法为手段进行学习。例如，可以借助发音标准的数字语音材料开展两个阶段的英语交际教学活动：第一个阶段，让学生在电脑上放一段录音，然后进行语音与听力的训练，再用这些知识进行口头交流，或是在某一情境中进行角色表演。第二个阶段，让学生做一些即兴的练习。另外，可以利用新闻节目这一重要材料进行交际教学，充分发挥新闻广播读音标准的特点。

2. 计算机辅助教学支持交际教学中的知识建构

计算机辅助教学支持了建构主义理论所倡导的“以学生为中心”的重要理念，即让学生在特定的情境下，通过积极地构建知识来实现自己的学习目标。比如，在大学英语的教学过程中，可以通过数字讲故事的形式，让学生就某一话题讲述具体故事，训练他们的口头表达和交流的能力，也可以让学生以小组合作的形式来创作故事，利用媒介平台展示自己的故事、相关照片、背景声音等内容，并鼓励学生积极与其他同学用英语进行交际。

3. 计算机辅助教学用于创设交际教学的情境

计算机图片、动画、音乐、视频等多媒体资源具有生动形象、传播便捷的特点，合理地使用能够激发学生学习兴趣的作用。有研究者利用多媒体资源的这一特点创设情境，为大学英语交际教学提供支持。例如，在进行大学英语交际教学的过程中，可以利用计算机辅助教学创设知识背景、渲染课堂气氛，创设语言交际情景。首先，向学生展示与教学内容有关的背景知识，这有助于他们对所学的知识有一个更加深刻的了解。其次，根据所学的内容，选用符合情境的音乐、歌曲、动画等内容来活跃课堂气氛，为口语交际奠定基础。最后，通过多媒体课件向学生呈现与学习内容相关的动画、图片和视频资源，让学生围绕资源进行对话。

（二）网络在线资源和工具支持的英语交际教学

网络英语交际教学以网络英语资源及互动工具为主要手段。一方面，以互联网为基础的英语教学与学习软件或平台，能够给学生带来大量的图片、音频等学习资源，并能通过多维信息的融合刺激人脑的语言感知区域，形成对语言的应急反应。另一方面，利用网络互动的方式，能帮助学生克服面对面沟通的困难。例如，在学生不能熟练使用英语单词及语言表达的情况下，可以在电脑或网络上迅速查询资料后，再用英语进行沟通。学生通过网络资源和网络平台，可以使用网上资源库中的英语短片、电影、歌曲、文本材料，以此了解与英美有关的文化知识；通过网络平台上的互动式讨论区及电子邮件等，可以实现与国外学生的英语互动沟通；学生以小组为单位，通过分工合作、角色扮演等形式，在课堂上进行交际活动。

21 世纪，随着移动互联网技术的不断发展，特别是随着智能手机在教学中的使用，学生可以通过手机上的社交工具进行交流，通过异步[①]话语学习的方式进行学习，可以跨越时空的限制，在任何时间、任何地点都可以与伙伴进行顺畅交流。一些学者通过移动网络在英语交际教学中进行一些尝试，例如，通过移动终端提供的英语资源，让学生以自主学习的方式来掌握新单词、新句型，并通过人机互动、人际互动等情境对话，提高学生的英语口语表达能力和交流水平。

第三节　情境教学法

一、情境教学法概述

（一）情境教学法的原则

情境教学法的形成大约在 20 世纪 70 年代，为以后语言发展提供了理论基础，并指明了方向。情境教学法需要遵循以下基本原则：

1. 独立自主性原则

独立自主性原则体现在：一方面，合作关系是基本保证。情境教学强调教学要在师生间互信、互尊的前提下进行，因为教学从本质上讲是一种特定情境中的人际交往。另一方面，学习和自主创新始终占据主体地位。这要求教师在情境教学时，从学生的实际出发，让学生积极、主动、快乐地参与课堂活动。

2. 轻松体验性原则

轻松体验性原则，根据“认知活动带有体验性和人的行为效率与心理激奋水平有关”而提出。在情境教学法中，教师运用轻松体验性原则设法引导学生向问题答案的方向思考，让学生充分发挥自己的想象而独立思考问题，并找到问题的

① 异步教学法是一种基于网络和多媒体技术的教学方法，它的原理是通过将教学内容以非实时的形式传输给学生，使学生可以根据自己的时间和能力进行学习。

答案，分辨正误，使学生把思考和发现体验为一种快乐，而不是一种强迫或负担。①

3. 统一原则

在情境教学法中，培养学生良好的学习习惯，培养学生刻苦和钻研的学习精神，以便发掘其无限的潜能。教师在教学过程中，要注重学生的无意识与意识统一，智力与非智力统一，要想办法培养学生的良好习惯，挖掘学生的潜力。简而言之，情境教学法追求一种精神的集中与轻松并存的状态。因为，这时学生的联想张弛有度，情绪和感知也在慢慢积聚，技能在与时俱增。② 这就是情境教学最理想的教学状态。

（二）情境教学设计

从大学英语教学的角度看，大学英语情境教学的设计应参考以下因素：

1. 情境创设

在大学英语教学中运用情境教学法的关键是创设情境。一般来说，创设情境的方法有以下五种：

第一，用实物创造情境。将真实的东西展现在学生的面前，能够给学生最直观的视觉感受，能够将他们的各个感官都调动起来，这是最真实的情境设置方法。比如，在讲授英语翻译等课程时，可以将著名的英文翻译书籍及其作者的相关简介带到课堂上，让学生获得最真实的第一印象，转化成强大的学习动力。

第二，图像再现情境。利用图片再现文本的情境，其实是将文本的内容具象化，如挂图、剪贴画、简笔画等都可以用于文本的情境再现。大学英语是一门综合性很强的学科，有时大量的词汇、抽象的概念会给语言教学带来很大困难，此时，利用图片讲解能起到很好的效果。

第三，在表演中体察情境。情境教学中的表演是让学生展开角色扮演，也就是让学生扮演课文中的某个角色，并展开表演。学生自己扮演角色，课文中的角

① 高燕．情境教学法在大学英语教学中的应用［J］．英语广场，2023（16）：103-106.

② 于洋洋．论情景教学法在英语教学中的运用［J］．山西青年，2016（1）：124-125.

色将不再停留在书本上，这些角色成了自己或者是自己班级中的同学。这种方式使学生对课文中的角色产生身临其境的感受，自然而然地加深了他们的认识。例如，在教授大学英语提高的口语交际时，因为生词难度大，长句数量多，学生觉得学习起来很困难，这时教师可以根据课本上的内容，在进行一节课的词汇和句型的讲解后，让学生扮演书中所提到的角色，进行表演活动。这样的做法可以活跃课堂气氛，增加学生的学习热情，促使学生对生字、重点句式了如指掌，甚至能把较长的课文背下来。

第四，通过描述建立情境。通过对情境的描述，引导学生进行认知活动，提高他们的想象力。当学生听到教师描述时，就会在自己的脑海中勾勒出一幅图景，这幅图景会变得更加清晰，也会增强学生的主观感觉，进而激发他们的情绪，让他们进入一种特殊的环境中。

第五，用音频创造情境。在语音教学过程中，通过音频文件的形式，可以为学生提供一个纯正的声音演示，以供学生模拟，学生可以通过声音处理软件的声音比较自己的声音和正常的声音，从而发现错误并加以修正，提高自己学习商务英语的效率。

2. 呈现学习任务

呈现学习任务时，应向学生描述任务中的问题、发生的物理背景、组织和社会文化背景。并且，问题必然是吸引人的，目的是引导学生的积极参与。

可以用文本、视频或音频的方式呈现学习任务。同时，问题的呈现要留给学生足够的操作空间，允许他们操纵某些维度，以做出决策。

3. 自主学习设计

学生在适当的情境下通过主动探索、主动发现（借助于自主学习活动），完成知识意义的建构过程。情境教学法强调学生主动建构知识的意义，其中重要的一环是自主学习设计。

在情境教学中，作为学习过程的主体，学生的自主学习才是对所学知识实现意义建构的真正“内因”，恰当的情境只是促进学生主动构建知识意义的外部条件，是“外因”。[①]

4. 教师指导作用

教师是整个情境教学过程的组织者、指导者和协调者，对学生的意义构建起促进作用，因为以学为中心的各个环节都离不开教师的有效启发、认真组织和精心指导。

因此，教师是知识意义的主动建构者，是信息加工的主体。同时，在设计促进学生主动建构知识意义的情境时，不应忽视教师的指导作用。以学为中心的教学设计如果忽视教师的指导作用，学习活动就会变得没有目标。[②]

5. 做好情境的反思

在实施情境教学法之后，教师要在课后对教学中出现的问题进行反思，从情境的创设到整个教学的流程，从学生的学习态度到教师指导的方法，都要认真地总结，为进一步提高教学质量奠定基础。

通过创设真实情境习得语言，提倡师生之间和谐互动的快乐教学，情境教学法能够给学生带来创造性的启发，拓宽他们的思维空间。情境教学法在大学英语教学中的运用，更符合该课程的特点，具有很大的探索与开发空间。

二、教育信息化背景下情境教学法在英语教学中的实施

在教育信息化背景下，大学英语情境教学法的使用指教师要创设情境，让学生在情境中解决问题，这是情境教学法的实质。教学设计中，教师必须创设真实情境，把学生带进学习的过程。创设情境是为了帮助学生更有效地学习知识和技能，实现专业能力、方法能力和社会能力的提升。

（一）在技术层面上帮助教师构建情境

正如上文提到的，在大学英语教学中运用情境教学法的关键是创设情境。传统的情境创设会受到教师思维能力的限制，而信息化的发展为大学英语情境教学中的情境创设提供了良好的环境，教师可以将现代信息技术运用于情境教学中，

① 里维维．建构主义下的以“学生为中心”情境教学设计［J］．中学英语园地（教研版），2010（5）：9-12.

② 邓万学．基于建构主义的情境教学新探［J］．佳木斯教育学院学报，2013（8）：136.

将教学情境更加完善地呈现在学生的眼前，使教学更加形象，增加学生的学习兴趣。视频、声音、图片等都能为教师营造情境提供素材，而虚拟现实技术的出现更能使学生有身临其境的感觉。在实际操作过程中，教师可以运用信息技术，把以前单调乏味的课堂变得生动、活泼、有趣；教师可以运用多媒体图片、声音、视频等多样化的表达方式，把传统课堂教学变成让学生喜欢的形式，让学生更好地融入教师所营造的教学情境中，从而提升大学英语的学习效果，提高大学英语教学质量。

（二）帮助教师营造轻松愉悦的学习氛围

情境教学需要一个轻松愉悦的学习氛围，让学生更好地融入情境中。信息技术的多元化，有利于大学英语教师创造轻松愉快的气氛，让学生在一个相对宽松的课堂氛围中专心听讲，提高教学效果。教师可以运用摇一摇、抢答等移动教学平台中的某些功能来调整教室的氛围，让不同学习程度的学生都参与到游戏化的情境教学中来，这样就能提高整个班级的学习效率。

（三）提供语言分析、讲解和练习的平台

在课堂上，采用情境教学法，注重整体的结构，上课时，英语教师没有太多的时间对语言知识进行分析和解释，而在学习英语的过程中，则需要对所学的语言进行深入的分析和说明，借助现代化的信息技术，可以很好地解决这一问题。在实际操作过程中，可以充分运用多种移动教学平台。例如，教师可将知识与上课需要用到的情境进行融合，把经过处理和提炼的知识上传到移动平台上，并配以适当的练习，让学生能够在移动教学平台上进行预习，从而使教师在课堂教学中有足够的课堂时间进行情境教学。通过课前的学习平台，使学生能够更好地预习所学内容，从而为自己争取更多的实践，在课堂上更加熟练地进行情境学习，提高并巩固自己所学的知识。①

---

① 郑思萍，王艺霏，李显宁，等．信息化背景下情境教学法在公共英语课中的实施［J］．西部素质教育，2019，5（17）：113+115.

第四节 任务教学法

任务教学法以任务为中心，教师在教学过程中扮演着组织者、引导者和合作者的角色，教师提出任务，并通过任务的完成让学生掌握相应的语言知识和技能。与传统教学方法相比，任务教学法具有很大的优势。任务教学法能够激发学生的学习兴趣，提高学生的学习积极性和主动性，培养学生独立解决问题的能力，同时能提高学生运用英语进行实际交际的能力。

一、任务教学法概述

（一）任务教学法的原则

1. 目标明确原则

在任务教学的过程中，教师要明确教学目标，并针对不同的学生，制定相应的教学任务。明确的教学目标，能指导学生在任务中自主地学习、练习。

2. 任务贴近实际原则

任务教学法是一种与学生真实的生活、学习情境相结合的方法，它可以激发学生的学习兴趣，激发他们的积极性，让他们积极地投入任务中。任务要真实、实用，使学生能运用所学的知识，解决实际问题。

3. 综合性原则

任务教学法的目标是使学生在学习过程中，能将不同类型的知识与技能结合起来，从而提高其综合应用能力。任务的设计要涵盖不同主题，使学生能在任务中进行跨学科的融合与应用。

4. 合作性原则

在任务教学法中，教师要注重学生交流、协作能力的培养。在任务中通过小组活动、角色扮演等方式，使学生在合作中相互学习，共同解决问题。

5. 反馈及时有效性原则

任务教学要设置清晰的评估指标，建立有效的反馈机制，并对学生进行及时的反馈与引导。在教学过程中，教师要对学生的表现、学生的作业进行评估与反馈，以便发现问题，提高学生的学习能力。

6. 评价多样化原则

任务教学法的评价要多元化，有自我评估、相互评估、教师评估等多种形式。评价方法要有弹性，能对学生的学习成绩进行综合、客观的评估，让他们认识到自己的缺点与可提高的空间。

7. 教学过程灵活多样原则

任务教学法的教学过程应灵活多样，可根据任务的性质和学生的实际情况进行调整。教师可以采用讲解、示范、讨论、实践等多种教学方法，激发学生的学习兴趣和积极性。

8. 教学资源丰富多样原则

任务教学法的教学资源应丰富多样，包括书籍、网络资源、实物材料等。在教学过程中，教师要根据教学目标，对不同的教学资源进行整合，为学生提供多样化的学习素材，并通过多种途径获取信息。

任务教学法强调学生的主动参与和实践操作，通过任务的设计和实施，培养学生的实际操作能力和综合应用能力。只有通过在任务中的学习与实践，才能使学生真正掌握所学的知识与技巧，从而使他们的整体素质得到提升。因此，在教学过程中，教师要按照任务教学法的原理设计任务，并进行教学实践，给学生创造一个主动的、实践性的学习环境，从而使他们得到更好的发展。

（二）任务的类别

在任务教学法中，任务的设计要有针对性，能将教学内容与教学目标紧密结合。

1. 依据任务所涉及知识点的范围和深度划分

（1）面向知识点的任务。针对知识点的任务，通常被称为基本任务，这类任务是针对英语学科中一个或几个知识点而设计的任务，具有相对独立的内容，一般在 1~2 节课的时间内完成。通过任务的完成，学生能够掌握相应的知识点和应用技能。

（2）面向社会应用的任务。面向社会应用的任务通常是综合任务，是针对一个学习单元或学习阶段的任务，需要通过多节课完成。通过综合任务的完成，能够形成一个比较系统与全面的结果，使学生掌握比较系统的知识与技能。综合任务通常需要分解成二级，甚至三级、四级子任务而完成，需要灵活地运用多种知识技能才能解决这类任务。

2. 依据学习自主性的高低划分

（1）集中式任务。集中式任务指任务的要求被描述得很具体、细化，而且结果是固定的、不变的。

（2）开放式任务。开放式任务指任务的结果是非限制性的、不固定的，对任务的要求也比较笼统。

（3）半开放式任务。半开放式任务指一部分任务的完成结果是固定的、一成不变的，另外一部分的完成结果则可能是不固定的、比较灵活的。

（三）任务的分解

1. 任务分解的原则

从教学目标看，英语课需要培养学生综合应用英语的能力。然而任何能力的培养都不可能是一蹴而就的，需要一个渐进的、发展的过程。在这个过程中，需要通过实施一系列的小任务而逐步完成。因此，面向教学目标的任务分解是任务设计的首要任务和关键任务。在这一过程中，要注意任务体系的系统性，即强调任务不是一个个的独立体，而是彼此联系、互相影响的，需要形成一个有计划、有组织的有机整体。在任务设计时，首先必须关注各个子任务间的关联性和层递性，同时注意任务的可操作性，每个子任务既不能太大，也不能太小，需要以面向知识点的任务为基础，以面向实际应用的任务为核心。引导学生在全面掌握各类基于知识点的任务的基础上，把个人的兴趣逐步转移到面向社会具体应用的任务中。

2. 任务分解的方法

任务分解，来自项目管理学的一个概念，指在项目工作安排中使用工作分解结构（Work Breakdown Structure，WBS）工具对一个大的项目进行分解。对项目进行任务分解的主要策略有“自顶向下，逐步细化”的方法。对任务分解的描述主要以“列清单”和“图表”的方式进行描述，即采用一种层次化的树形结构来表述任务间的关系。任务分解是对需求的进一步细化，是最后确定项目所有外延范围的过程。任务分解的结果是工作分解结构（WBS），它组织并体现了整个项目的工作范围。①

基于项目管理学的经验，笔者认为，英语课程中的任务分解，应建立在对教学目标充分分析的基础上，可以借助知识网络图和思维导图，把总的教学目标分解为若干个相关的知识点，并进一步把这些知识点案例化和任务化。

二、教育信息化背景下任务教学法在英语教学中的实施

（一）任务设计

任务设计是任务教学法中的关键环节，关系到任务教学模式中的各个环节。在目前英语教学环节下，课堂学习任务的设计应遵循的原则包括以下几个方面：

1. 语言、情境真实

语言、情境真实是任务教学法的核心。唯有语言、情境真实，语言的使用才可能真实，只有具有真实性的学习任务才能为学生掌握语言提供真正的“支架”，才能更好地激发学生的学习积极性。

2. 语言形式、功能与任务相结合

教学活动应有利于发展学生的语言知识，培养其语言技能，从而提高实际语言运用能力。因此，虽然任务教学法不以语言结构的练习为学习目的，但鉴于目前我国英语学习环境的特点，应将语言形式、功能、任务三方面合而为一。

学生在完成任务的过程中了解语言知识的用法、意义和功能，使他们既掌握语言知识，又培养语言运用能力。

3. 任务梯度原则

任务的设计应遵循任务梯度原则，学习任务应从简入繁、由易到难。此外，项目学习是引导学生进行创作、验证、完善，并制作出某种产品的活动。

---

① 高红梅，管艳郡，朱荣萍．高校英语教学创新性研究［M］．长春：吉林人民出版社，2021：106.

例如，教师引导学生根据某一单元的主题选择项目，学生开展访谈、问卷调查、报刊阅读、上网检索图片、汇总中英文信息等方式收集相关资料，并对所得到的材料进行分析、整理、综合，最终的成品可以是书面报告、黑板报、幻灯片、海报、招贴画、宣传册子等，还要对项目的成品及项目组成人员的工作完成情况进行评价。①

4. 合作学习

任务教学法提倡合作学习（Cooperative Learning）方式，鼓励学生在学习中互相合作，每个学生具有均等的机会，在各自完成任务的过程中讨论并解答问题，分享彼此的思考、经验和知识。

这能够扩大获取知识的渠道，深化对知识的理解和认识，培养自主探究能力，形成多维度、多侧面寻求解决问题的策略。

而且，合作学习意识通过创设积极主动探索、轻松愉快学习的情境，能够提高学生的学习兴趣和学习主动性，有助于学生形成自信、自尊、与人为善的良好个性。

5. 师生和谐共创

任务教学法强调教师与学生间应建立和谐的教学交往关系，强调教师与学生间的关系平等。在完成任务的过程中，教师既是知识的提供者，又是知识的分享者，还是学习过程的组织者。

此外，教师在教学中的权威表现在其对现代教学与课程的深刻理解与把握，表现在对学生主体的引导与评价，表现在激发学生参与学习过程的动机和兴趣，而不是以绝对权威自居。信任和鼓励是十分有效的教育手段，这是形成师生和谐教学交往关系的前提。

6. 培养创新意识

教师应为学生提供足够的时间从事资料查询、问题讨论、动手实践、总结问题等活动，培养学生的独立思考能力。而且，允许学生在任务完成过程中充分地表现出自己的个性和看法。鼓励学生就同一个问题提出多种解决方案，培养思维

① 王越．新文科背景下大学英语混合式教学效果的路径提升探究［J］．湖北经济学院学报（人文社会科学版），2022，19（5）：154-157.

的发散性。

（二）任务准备

任务准备指学生学习新语言知识、为运用所学新语言完成任务所做的准备，也就是通常所说的语言学习阶段，也称任务前阶段。

在完成任务要运用的语言知识难度较大，或教师刚开始运用真实任务教学法学生尚不适应的情况下，任务的准备阶段尤其重要。此外，任务教学法倡导以具体的学习任务为学习动机，以完成学习任务的过程为学习的过程，以展示任务成果的方式体现教学成就。

此外，在任务准备阶段，有两个问题尤其要值得注意，一个是语言输入的真实性，另一个是任务的难度。其中，真实性指在任务教学中所采用的语言教学材料所具有的自然的口头语言和书面语言品质的程度。在课堂教学环境下，教学材料既有自然交际环境下的真实性特点，又具有在课程标准的指导下仿制自然交际真实性的特点，两者共同构成外语课堂环境下的语言输入。

（三）任务呈现

任务呈现指教师在新语言学习前向学生展示，要求学生运用所学新语言完成的任务，也就是通常所说的任务介绍。向学生介绍学习任务的目的包括两个方面：

一方面，引导学生进入任务情境。任务教学强调，教师在任务呈现阶段应引导学生进入任务情境，以激化学生大脑中已有的与任务相关的内容图式（Content Schemata），目的是减少学生在任务完成阶段的认知负荷，从而提高语言输出的质量和速度。

另一方面，帮助学生理解任务要求。任务教学同时认为，教师在任务呈现阶段应帮助学生理解任务要求，尤其是任务所要求的结果。如果学生对任务要求的理解不够准确或完整的话，则后面各个阶段的目的难以实现。

任务呈现的要点如下：

1. 图式构建活动

图式构建活动是向学生介绍要完成的学习任务的初步阶段，目的是向学生介绍任务的主题、确定任务发生的情境以及向学生介绍完成任务所需要的关键词和短语等。

例如，教师在教学过程中，可以发给学生报纸上刊登的各类租房信息，房子的面积、样式或家具各不相同，然后发给学生一组照片，有家庭照、双人照和单人照，要求学生根据照片上的人数、年龄、职业等特征，为其租赁合适的房屋。同时，完成任务所需要的关键词也要呈现给学生。

2. 控制练习

控制练习的目的是帮助学生掌握完成任务所需要的词汇、句法和语言功能的知识。任务教学法中的控制练习是在交际框架内完成的，学生在练习的最后阶段具备一定的交际灵活性。

例如，学生首先听录音或看录像中展示的简短对话，然后分组练习，根据提示完成对话，从而获得练习使用目标语的机会。事实上，控制练习是图式构建活动的延伸，都具有“支架”的作用。

3. 听力练习

听力练习的目的是帮助学生借助听到的丰富的真实或仿真实对话，巩固所学知识和技能。

例如，可以在教学中运用大量的听力练习，以租房任务为例，听力材料涉及多位英语本族语者询问租房信息的对话，学生听完后，将对话内容与在图式构建活动中得到的信息相联系。

4. 强化语言点活动

学生参与一系列的练习活动，目的是强化完成任务所需要的一个或多个语言点。

例如，教师要求学生再次听租房对话录音或看录像，将对话中关于形容词比较级和最高级的句子记录下来。

（四）任务开展

任务的开展指学生学习新语言知识后，运用所学新语言完成任务的过程，也就是通常所说的语言使用阶段，目的是引导学生按照要求完成学习任务以达成任务所定义的结果。

在大学英语教学任务教学法的开展过程中，教师应在活化教材上下功夫，创设情境，鼓励学生进行有意义的交际，积极参与解决问题和完成任务的交际活动。这一阶段是整个任务的执行阶段，教师可根据前一阶段的情况，以具体任务的形式完成这一阶段的活动，如设计小组讨论、两人对话、分组辩论、角色扮演、实地考察、民意测验和采访等交际任务，以激发学生运用语言进行交际的兴趣，提高语言交际能力。[①]

（五）任务评价

任务的评价阶段的目的是引导学生重新审视任务过程，包括任务的准备和展开阶段，尤其关注完成过程中语言使用的正确性（Accuracy）、得体性（Appropriateness）、流利性（Fluency）和复杂程度（Complexity）。

例如，任务的评价可通过真实学习任务形式完成，教师设计相应的真实学习任务，引导学生对任务过程中出现的一些语言形式问题加以反思，以达到完全正确掌握这些语言形式的目的。

此外，收集评价数据的方式多种多样，如标准参照测试、角色扮演、讨论活动、课堂观察、学习文件夹、会议讨论、教学日志、学习日志、问卷调查、访谈等，都可以用于进行任务评价时收集相关数据。

---

① 覃丽娟．关于任务教学法应用于大学英语教学的思考［J］．课程教育研究，2018（39）：116-117.

第五章　教育信息化背景下大学英语教学模式改革探索

当前，随着教育信息化的发展，涌现出很多基于教育信息化技术的教学模式，通过使用这些基于教育信息化技术的教学模式，大学英语教师的教学工作压力得到有效缓解，大学生的学习效果也得到明显提升。

第一节　慕课教学模式

慕课的形成与发展并不是突然的，而是经历了时代的发展和孕育。本节主要对教育信息化背景下慕课的相关理论进行探讨，包括慕课的定义、形成、特点、课程设计的模式以及教育与学习等。

一、慕课概述

（一）慕课的背景

慕课产生于美国。20 世纪 60 年代，一些美国的创新研究者在研究如何增进人类智慧这一课题时发现，计算机能够有力地辅助人类增进自身智慧，由此，人们开始尝试将计算机技术应用于教育事业中。随后，信息技术的发展带动着教育事业不断前进。慕课教育的出现与兴起，就是信息技术与教育事业结合的产物。慕课教育通过网上授课的方式，突破了传统课堂的诸多限制，不仅能够准确把握学生的学习兴趣点，而且对提升学生的学习主动性与积极性有极大作用。

（二）慕课的定义

慕课，即大型开放式网络课程（Massive Open online Courses，MOOC）。它是一种在线课程开放模式，是基于发布资源、学习管理系统以及将学习管理系统与多种开放网络资源等课程模式整合而建立起来的。慕课主要是由具有分享与协作精神的个人组织的，他们将课程发布在互联网上，供有兴趣的学生学习，旨在扩大知识传播。

2012 年 9 月 20 日，维基百科将 MOOC 定义为：MOOC 是一种以开放访问和大规模参与为目的的在线课程。MOOC 字母所代表的含义如下：

M：massive，说明参加这种开放课程的人数众多。

O：open，说明课程是公开的。

O：online，说明这种课程的学习时间灵活。

C：courses，说明课程包含的种类众多。

（三）慕课的特征

1. 在线开放，实现资源共享

慕课教育与传统教育的最大区别在于，慕课是在网络技术的基础上建立的，它依托网络而生，因此，具有许多网络的特性与优势。慕课能够为学生提供丰富的学习资源，还能够实现知识共享、课程共享、教学成果共享等。传统课堂教学受到多方面的限制，影响力较小，但慕课的出现使课堂的时空限制被完全打破，人们可以随时随地查阅资料，随时随地开展学习活动。不同专业、不同层次的学习群体都能在慕课中找到自己需要的学习资料，这是慕课开放性特点的鲜明体现。进入慕课学习的条件非常简单，只需要一部有网络的电子设备以及一个学习账号即可。

2. 内容丰富，满足个性化需求

由于慕课的资源内容非常丰富，因此，它可以满足不同学习个体对知识的个性化需求。在慕课平台上，学生可以为自己创设一套独一无二的课程模式，人们可以选择自己感兴趣的课程，也可以根据自身的学习能力或职业规划进行课程的选择，整个学习过程中，学生可以自由掌握自己的学习进度，在最大限度上满足了学生的个性化需求。除此之外，学生可以借助慕课平台向教师寻求指导，教师可以在线监测学生的学习状态，帮助学生解决困难，并对学生予以针对性的指导，做到因材施教，从而增强学生的学习效果。

3. 立足学生，实现自主学习

慕课的教学方式完全颠覆了以往传统的教学模式。在慕课教育中，学生的中心地位得到突出，摆脱了过去被动的地位，变成了主动的知识寻求者，教师在其中只是适当地发挥指导作用，帮助学生梳理知识脉络，构建完整的知识体系。这种教学模式有助于推动学生开展自主学习，有助于真正提升学生的学习能力。学生可以在慕课教育平台上，可以进行课前预习，也可以进行自我测评，还可以与同学互相讨论，充分发挥学习的自主性，完全把握自己的学习进度与学习状态。

4. 多重互动模式，多元评价体系

慕课教育依托于网络平台，因此，其互动性极强，在教授知识的过程中，始终没有忽视与学生之间的互动。慕课教育平台使学生与学生之间、学生与教师之间形成了多重互动，这种积极的互动有助于激发学生的学习兴趣，营造活跃的学习氛围，减轻学生在学习过程中产生的学习压力，使他们能够在轻松、愉悦的环境中进行学习。除此之外，慕课教学模式下的评价体系变得更加多元化，针对学生的评价不再只是单纯地依靠分数，而会考查学生各方面的状况，进行综合性的评价。

由此可见，慕课教育的优势已经表现得非常明显，慕课的发展推动了大学英语教学的改革步伐。慕课在大学英语课堂中的应用，有效地提升了教学效果，丰富了教学形式，对大学英语教学改革来说非常有益。

二、慕课与大学英语课程教学的“整合”

（一）“整合”的目标

“慕课与大学英语课程教学整合”指把慕课相关理论、核心技术、主要资源、教育理论方法、教师及技术人员等人力资源与大学英语课程内容有机结合，构建多媒体、多样化、多层次的大学英语课程体系和创设有利于英语听、说、读、写、译教学的信息化教学环境以及围绕这些课程开展的课下自主学习和慕课相结合的混合式教学实践，以促进学生大学英语学习态度和方式的转变，满足个性化的大学英语学习需求，促进学生自主学习和可持续英语学习能力的培养。因此，“慕课与大学英语课程教学整合”的目标要求包括以下方面：

第一，构建多媒体、多样化、多层次的大学英语课程体系。随着国家政治、经济和文化的发展，国家外语能力和个人外语能力需求不断提升，单一的大学英语课程体系显然不能满足国家和社会对外语人才培养的要求。而当前国际慕课主要以英语为主要授课语言，其大规模、开放、在线的特征，将慕课与大学英语课程教学的整合是要致力于多媒体、多样化、多层次的大学英语课程体系的构建，以满足多样化人才培养的需求。

第二，创设有利于英语听、说、读、写、译教学的信息化语言教学环境，促进“课下自主学习+慕课”的大学英语教学实践的顺利开展，慕课与大学英语课程的整合，使信息化大学英语教学和学习环境的创设成为可能。首先，慕课是由大量的微视频组成的，这些微视频能够提供声音、动画、图像等多种语言信息，有助于学生更好地全方位吸收语言信息。而且，这些微视频都是以 5～15 分钟为时间段来呈现语言内容的，时间短、讲解精、可重复等特点更符合信息化时代学生碎片化学习的需求。其次，慕课平台的学习讨论区能够为教师和学生、学生与学生的在线沟通、交流、协作提供网络虚拟的语言学习环境，拓宽了大学英语的学习场域。最后，由于原本在课上讲解的语言知识部分通过学生对慕课平台的自主学习来完成，课堂上能够腾出更多的时间进行基于问题、项目或任务的教学和开展自主、合作、探究式的新型教学模式，使学生自主学习与慕课教学模式相辅相成，互为促进。

第三，培养学生英语综合应用能力和可持续学习的能力，使大学英语教学朝着个性化教学和学习方向发展。首先，慕课作为信息技术在教育领域中应用的最新形式，其“微而全”“开放而多样”等特征有利于学生根据自身的学习进度、学习时间、学习地点、选择喜欢的学习方式进行自定步骤的自主学习；其次，进度跟踪模块，一方面能够帮助学生对自身的学习情况进行记录和分析，另一方面有助于教师对学生学情的了解与掌握，以便向学生推送合适的学习资源、调整教学进度与内容，使教学体现“以人为本”的特点。

（二）“整合”的方式

大学英语慕课教学是一项与时俱进、教书育人的系统工程，社会要求的不断提升，信息技术的更新换代，教学对象的不断变化，教学媒体的更新换代，无一不使得大学英语教学更加复杂而任务艰巨。因此，在不断变化的社会情境下，无法用单一、具体的方法实现慕课与大学英语课程教学“整合”，而是要用全面的、动态的、发展的眼光看待它。但是，无论在实践中如何去实现“整合”，都离不开以下方面的考虑：

第一，教学方法的整合。传统大学英语课堂教学方法是以“教师为中心”的，强调教师的知识传授和对学生的启发、监督和引导；而大学英语慕课教学方法，旨在强调在特定的语言情境中，围绕基于问题的教学、基于任务的教学而培养学生自主学习、合作学习、探究学习的意识和能力，重视“教师为主导，学生为主体”的教学；在教学过程中，教师是组织者、管理者和协调者，学生是项目的实施者和任务的完成者，既要发挥传统教学中教师的作用，也要发挥学生的主体作用；既关注学生对大学英语知识的认知，又关注学生在大学英语学习中的情感体验。

第二，教学媒体的整合。慕课是云计算存储、大数据挖掘技术发展到一定阶段的产物，慕课资源与大学英语课程教学的整合，既要充分发挥网络、多媒体、移动终端在慕课视频资源的呈现、存储、传输的作用，也要兼顾传统教学媒体的优势，优化整合，取长补短，使之最大限度地服务于教学，服务于学生的能力培养。

第三，教学时空的整合。传统大学英语课程教学主要强调课内的教学，而慕课与大学英语课程教学整合后，教学的时空将无限地延展，课堂教学向课下延伸，学生可以选择合适的时间、地点、方式进行自主学习，然后通过慕课平台学习社区进行在线交流，通过翻转课堂进行讨论、陈述、汇报以锻炼自身的英语综合应用能力。整合后的大学英语混合教学将更大限度地实现“线上+线下，课上+课下”的教学。

第四，教学资源的整合。传统课本、慕课、其他扩展性学习资源均可以作为大学英语课程教学的资源，各式各样的资源犹如超市中的商品般陈列着。首先，教师可以根据学生的学习情况提供菜单式的学习资源清单，由学生根据自身兴趣和实际情况进行选择性学习；其次，学生也可以通过投票方式，选出喜闻乐见的学习资源的内容和形式，提交给教师，通过后台处理呈现到慕课平台上，实现“资源共献，资源共享”。

三、基于慕课的大学英语教学模式的构建

（一）构建网络教学

当前，优化大学英语课堂教学的最佳方式是将网络教学引入课堂，传统课堂教学与网络教学相互融合能够有效地激发学生对英语学习的兴趣，提升其学习效果。网络教育平台能够为学生提供大量丰富的知识信息，学生可以在平台上找到满足自己需求的资料。同时，网络教学也没有忽视教师的引导作用，学生可以在平台上获得教师的指导与帮助，并且这种指导具有一定的针对性，对学生的帮助更大。网络教学与传统课堂教学的结合，有助于学生更好地吸收知识、理解知识、提升自己的学习能力。同时，这种教学模式下，教师与学生之间的关系会更加亲密，从而形成良好的学习氛围。慕课教学模式体现了大学英语教学方式的多元化，英语教学依托网络教育，能够开拓学生的学习平台，深化学生对知识的理解，从而提升其学习成绩。由此可见，网络教学的构建是大学英语慕课教学模式考虑的重点。

（二）在线课前预习

在网络教学平台顺利建成后，教师与学生可以在这个平台上开展教学、学习活动。其中，课前预习是必不可少的环节。大学英语教师必须重视课前预习，认真备课，为学生布置预习作业，教会学生如何完成预习任务。学生在进行课前预习时不能敷衍了事，必须融入自己的思考，认真研读细节，不能只求个大概。学生在进行课前预习时可以采用标记的方法，及时标出自己的问题，然后将问题带到课堂上思考、解决。如果课前预习的学习任务完成得比较好，那么课堂上的教学效果会很棒。

（三）课上进行讨论

在完成了课前预习后，即英语教学中最重要的环节——课上环节。在这一环节，学生可以将之前存在的问题提出来，与同学、教师一起探讨，以此寻求问题的答案，这种教学模式能够使学生对知识信息的记忆更加深刻。课上讨论环节是慕课英语教学模式的特点之一，积极、正向的交流互动能够鼓励学生开口发言，与他人一同探讨，培养其合作学习的意识，同时能激发学生的上进心，使学生间形成一种良性的竞争学习环境，促进大家共同发展，拉近师生之间、学生之间的关系。

（四）课下进行复习

在传统课堂教学中，课后复习往往会被忽视，教师很难进行及时的监督，但基于慕课的大学英语教学模式中，课后复习得到了应有重视，也有了可行的实施措施。课后复习有助于学生将已经学到的知识进行总结概括，构建成一个完整的知识体系，从而使知识真正内化于心，完全成为自己的知识，在实际运用中得心应手。课后，教师可以在慕课平台上对学生的复习状态进行监督，及时答疑，帮助学生进行有效的课后复习。

（五）构建大学英语慕课教学模式评价体系

合理的教学评价体系对整个教学模式的运行有着重要意义。所以，大学英语慕课教学模式的教学评价体系构建非常重要。学生可以通过自己对课程的感受与体验，给出合理的评价，教师在接收这些评价后进行适当的调整，使大学英语慕课教学模式尽量向好的方向发展。这种评价体系的建立在一定程度上凸显了学生的主体地位。

四、基于慕课的大学英语教学模式的实施策略

（一）从多个角度支持慕课教学模式的实施

虽然各大高校都已经普遍接受了慕课的教学理念，但其发展仍然处于初期，面临许多困难与阻力。慕课教学模式自身的理论基础与实践经验还有所欠缺。因此，慕课教学模式要想获得长足的发展就必须向外界求助，获得社会与高校的支持。

第一，社会要接纳宣传信息化教学的理念，为高校办学提供一定的资金支持与政策支持，鼓励学校积极开展英语教学模式的改革，大胆创新。

第二，高校自身要加强教学设施的建设，完善校园网络，使校园网络实现广泛覆盖，各个高校间也可以进行联合，为学生提供优质的学习资源与网络学习环境。

第三，在英语教师的培训方面，高校也要予以足够的重视。目前，许多教师都没有很好地掌握信息教学技术，这对信息化教学的推广来说是一个很大的障碍。因此，高校要积极组织大学英语教师的培训活动，提升教师的信息教学技能，鼓励教师学习新技术。教师信息化技能的提升有助于慕课英语教学模式的发展。

（二）完善现有慕课教学模式制度

慕课教学模式将线上教学与课堂教学结合在一起，因此，必须考虑两种教学模式是否能很好地融合，如果不能互相配合，那么二者的结合就不会发挥出应有的良好效果。对慕课教学模式进行完善是当前的重要工作之一。在课程的开始阶段，教师需要制订一个合理的教学方案，对线上与线下的教学实践进行合理的分配，只有这样才能顺利完成课程视频的制作。在课程的进行阶段，教师应该准确把握教学内容的重难点，有针对性地进行讲解，也可以借助小组讨论的方法提高学生的积极性，使学生广泛参与到课堂中来。在课程结束后的课后阶段，教师可以继续借助慕课平台为学生解答问题，指引方向，引导学生向正确的方向前进，并以此达到教学的目的。

（三）完善慕课教学模式的课程评价体系

课程评价体系对一个教学模式的发展来说有着非常重要的意义。如果没有完善的课程评价体系，那么，慕课英语教学模式很难有进一步的发展，因此，必须建立一个科学、合理的课程评价体系。教师可以根据线上、线下两个方面对学生的表现进行评价，综合各种因素，最终得出一个真实的、合理的评价内容，以此激励学生继续努力学习。

第二节　翻转课堂教学模式

一、翻转课堂概述

（一）翻转课堂的起源

莫林·拉格（Maureen Lage）和格林·普拉特（Glenn Platt）是美国迈阿密大学的经济学教师，他们从1996年开始进行翻转课堂的相关实验。这些实验不仅大受欢迎，而且取得相当不错的效果。《颠倒的课堂：建立一个包容性学习环境的途径》是他们于2000年发表的一篇文章，该文章对“翻转教学”这一模式进行了介绍。同一年，翻转课堂作为独立概念被提出。在第11届大学教学国际会议上，J. 韦斯利·贝克（J. Wesley Baker）发表了他的论文《课堂翻转：使用网络课程管理工具（让教师）成为身边的指导》，极大地提高了翻转课堂的影响力。

亚伦·萨姆斯（Aaron Sams）和乔纳森·伯格曼（Jonathan Bergmann）两位化学教师来自美国科罗拉多州林地公园高中，他们不想因为给落课的学生补课而过多地耗费自己的时间，便“投机取巧”，将自己的教学过程录制下来上传到网络上，让学生通过自主学习补上落下的课程。

而令人意想不到的是，学生竟然相当喜欢这种学习方式，并且在成绩方面也得到了提升。后来这一做法逐渐被小镇上的教师所接受和采纳。逐渐地，两位教师意识到这样一个问题：学生其实有能力进行自主学习，教师实际上只需要在他们遇到困难和问题的时候出现，给予他们相应的帮助就可以。萌生了这样的想法后，两位教师就把所有的化学课程全部录制为视频提供给学生，让学生在上课前通过观看视频进行学习。如此一来节约了很多课堂时间，教师也能够利用课堂时间为学生答疑解惑。

《翻转课堂与慕课教学：一场正在到来的教育变革》2015年出版，其中总结了乔纳森·伯格曼和亚伦·萨姆斯两人对翻转课堂模式的探索结果。在书中，他们具体叙述了翻转课堂的内涵，并且指出翻转课堂不仅能使学生的知识得以巩固，而且提升了他们的自主学习能力。学生成绩不仅得到了提升，而且对学科的认识大大增加。

两位教师还指出，翻转课堂模式对师生关系具有促进作用，不仅增加了师生交流的机会，让师生关系更加牢固和密切，而且学生的学习过程更加个性化。与此同时，他们指出，虽然在科技的帮助下翻转课堂让师生关系更加亲密，但这并不代表在线指导能够完全取代传统课堂以及教师。并且，翻转课堂堪称完美的“混合”课堂，能将在线教育与传统课堂的优势相结合。

2006 年，以教学视频为主要内容的“可汗学院”由萨尔曼·可汗（Salman Khan）创立。它的创立无疑扩大了翻转课堂的普及范围。2012 年，萨尔曼·可汗出版《翻转课堂的可汗学院：互联时代的教育革命》，在该书中，可汗对翻转课堂做了如下定义：学生以自己的学习情况和学习进度为根据在家中观看视频，然后在课堂上师生一起解决自学过程中遇到的问题。在这本书中，他还明确指出传统课堂的弊端所在，并希望能够有更多的学校和教师运用翻转课堂。

我国从 2011 年开始引入“翻转课堂”，在基础教育阶段最早使用翻转课堂的学校是重庆市的聚奎中学。经过长达 4 年的探索与实践，聚奎中学使翻转课堂更加符合自身的教学情况。聚奎中学认为，翻转课堂的定义是：教师在课程开始前将各种数字化教学材料分发给学生，让他们根据材料自学，然后师生在课堂上一起互动探讨，并最终完成教学目标的一种教学形态。

由此可以看出，美国的翻转课堂实际上是翻转了“在家”和“课堂”的学习，我国本土化的翻转课堂翻转的是“课前”和“课中”的学习。

（二）翻转课堂的概念解读

在上课前，教师会根据教学计划、教学内容、教学中的重点和难点，进行精心的设计，并制作出相应的小视频，让学生在课间休息时，可以根据自己的喜好，和同学一起观看；在上课的时候，教师会和同学一起讨论、解决疑难问题，这种新型教学方法即是“翻转课堂”。

作为一种新型教学手段，翻转课堂增加了师生的交流互动，并且能够增强学生对学习活动的责任感；教师的角色也发生了转变——不再是单纯的“讲授者”，而成为一个“引路人”。此外，翻转课堂的内容是能够被永久存档的，即使有学生因为各种原因无法及时上课，也可以通过翻转课堂补上被落下的课程内容，那些基础薄弱的学生也能够随时根据翻转课堂查漏补缺，如此一来，有利于提升学生的学习积极性和主动性。

下面从三个层面具体介绍翻转课堂所包含的内容：

1. 学习流程的重构

传统课堂上知识的传递往往经过两个过程：一是教师先“传递信息”，二是学生再“内化吸收”。在传统课堂中，教师和学生无形中存在一定距离。而在实行新课改的今天，传授知识的过程也大大改变：就是在课前将信息传递给学生，让学生通过教师的在线辅导完成对知识的初步理解和吸收，在课堂上，学生间可以通过相互交流增加自己的成就感和学习动力，教师也可以通过参与学生的讨论使彼此共同发展，让师生关系更加密切。

2. 课堂的把控

对课堂的把控实际上是对课堂的控制和调节。在翻转课堂模式中，课堂上的时间主要是进行知识内化和问题解答，如果能够对课堂进行有效调控，那么课堂氛围会更加浓厚，课堂效率会更高，从而能够更加充分地发挥学生的创造性潜能。在采用了翻转课堂教学模式的大学英语课堂上，教师更多地成为课堂的组织者、对话者、参与者，真正的落脚点和出发点是学生。教学活动实质上是在各种教学活动引领下的学生主动学习。在课堂上，教师合理分配好各活动的时间，对课堂节奏有较好的把握，始终让学生成为总结发言、讨论交流的中心，让学生成为课堂的主体，让他们通过互动交流潜移默化地完成知识和技巧的掌握，并且教师要及时评价学生、时刻激励学生，让课程顺利完成。

3. 微课程资源的循环性

从小范围看，微课程在被上传到网络后更容易被检索和保存，让学生的自学更加方便。教师和家长能够共同对学生的自学活动进行督促，让学生通过观看视频完成相关任务及测验。学生可以从自身实际情况出发对微视频进行反复观看或是查漏补缺。此外，可以设置一个专门评价微视频学习情况的平台，让教师能够通过解答学生的疑问而了解学生的学习进度和掌握情况，并且提供给学生具有针对性的帮助。这不仅有利于教师改进自己的微课视频，也有利于提高学生的学习效率。

另外，需要注意的是，微课程能够让不同地区和不同国家的学生享受同样的优质教育资源，无疑能够极大地推动教育的进步和发展。

（三）翻转课堂的特征

从上面的定义中可知，翻转课堂是在传统课堂基础上的一种创新，恰好反映了翻转课堂的本质特征，具体来说表现为如下几点：

1. 教学流程的革新

教学流程的翻转，通常又称为“教学流程再造”。很多年以前，人类探索利用教育技术（教学视频）实施教学，如 20 世纪 50 年代，世界上许多地区都尝试过广播电视教育。为什么当年所做的探索没有对传统的教学模式带来多大的影响，而翻转课堂却备受关注呢？有如下两个原因：

（1）当时的电视技术并不普及，无论是电视硬件设备还是电视教材资源，都极其昂贵。而传统的班级授课形式，成本低、效率高。因此，电视教学并不能取代传统教学形式。

（2）虽然随着教育信息化技术的发展，视频教学资源的制作和应用成本大大降低，一些教育技术的专家进行教育信息化技术与课程整合的试验，试图将教育信息化技术应用到课堂教学，并将传统灌输式教学改造为协作探究学习，但由于传统的教学流程并没有给教育信息化技术的应用和协作探究活动留下足够的时间和空间（一节课的时间是恒定的，传授知识的时间不能减少，协作探究就没有时间），大规模的教学改革实验并没有取得原来期望的结果。

延续了多年的传统课堂教学，虽然历经无数次的改革与调整，但主要是围绕着教师如何讲授得更好展开的。直到现在，基本的教学流程没有变，就是课堂上教师力求深入浅出地将新知识传授给学生，课后学生通过完成作业加以巩固。其主要优势是运送知识的效率非常高，主要缺陷是同步性和灌输性。同步性忽视了学生接受能力的差异性，灌输性忽视了学生对知识的探究，这些都不利于创新性人才的培养和个性化发展。

翻转课堂的教学流程与传统课堂不同，它将知识传授的过程前移至课前，将知识内化过程放在课堂上。学生在课前观看教学视频进行新知识的学习，代替教师的课堂讲授，并将课堂的时间和空间腾出来，让学生完成作业，并进行师生、生生之间的互动和答疑等活动。

根据混合学习理论，一些基础性的知识适合于用课前接受学习（适合应用奥苏贝尔的有意义接受学习理论进行指导），一些复杂性的知识则适合课堂上建构学习（适合应用建构主义学习理论进行指导），因此翻转课堂被认为是接受学习理论与建构主义学习理论的混合应用。

2. 教育理念的变更

翻转课堂的教育理念是由“以教为中心”教育理念转变为“以学为中心”。翻转课堂被看作“以学生为中心”的学习模式。一直以来，课堂都是以教师为中心，教学是教师站在讲台上给学生讲课，即使教师将课讲得非常精彩，也总有学生不能融入其中。翻转课堂，让教师下台，学生上台，课堂变成一个学生的学习中心。

3. 师生角色的转变

翻转课堂最大的障碍是教师角色的转变。很多研究者认为，翻转课堂通过“传递信息”和“吸收内化”过程的翻转，教师由知识的传授者转变为学生学习的指导者、服务者；学生由被动的接受者转变为主动的研究者。

4. 教学结构的创新

实际上，很多学者认为翻转课堂并没有翻转教学流程，依然遵守从学习知识到内化的时间顺序。他认为，翻转课堂翻转的是教学结构，即从“学习知识在课堂，内化知识在课外”的结构转化为“学习知识在课外，内化知识在课堂”的结构。

5. 学习活动与学习环境的匹配

按照学习过程是否需要交流协作或独立思考，可以将学习分为独学和群学。独学以独立思考为特征，如知识传授；群学以协作交流为特征，如知识内化。学习环境分两类：私环境和公环境。私环境如家里，安静，干扰少，适用于独立思考，适用于独学；公环境如教室、公共场所，适合交流分享、协作探究，适用于群学。

翻转课堂将“在课堂学习知识，在家完成作业”的方式转变为“在家观看视频学习知识，在课堂讨论学习”，实现了学习方式与学习环境的完美匹配，即适宜群学的学习内容和与适宜群学的环境相互匹配；适宜独学的学习内容与适宜独学的学习环境达到高度的统一。翻转课堂的最大潜力和最大特色，可以认为是实现学习活动与学习环境的完美结合和匹配。

二、翻转课堂与传统课堂的碰撞与对接

翻转课堂在国外流行多年，被认为是“未来教育”的曙光。国内很多专家学者也对翻转课堂进行了研究，对信息环境下的翻转课堂教学实践进行了多次探讨与尝试，但在具体的实施过程中，能够取得明显效果的学校并不多，这不得不引人深思。因此，本节重点分析翻转课堂与传统课堂的碰撞和对接。

（一）翻转课堂与传统课堂的碰撞

翻转课堂与传统课堂的碰撞，主要体现在教育理念上。翻转课堂要求革除传统教育理念、教学方法上的弊端。

1. 翻转课堂难以摆脱“应试教育”的枷锁

众所周知，在新形势下，传统的教学模式已经与当今的课堂不相适应，但面对毕业、就业压力，当前的教育仍旧未完全脱离“应试教育”的枷锁。当前的教育要求学生应学会自主探究、自主预习、自主总结，同时培养自身学习的习惯与思维，要在教师的指导下体验概念与规律的探究过程，并在学习中培养求知精神。但现实是，在课堂教学中，很多教师主要侧重于讲授，未能顾及每位学生的接受与感受情况，使学生的主体地位丧失。

很多家长对于学生的考试成绩过分看重，忽视了学生能力和素质的提升，教师也未考虑学生的全面发展与终身发展，一味地追求成绩，导致课堂教学以知识传授为主，教学机械化，很容易让学生丧失探究能力与解决问题的能力。

因此，如果不对传统教学观念与方式进行改变，包含翻转课堂在内的任何教学形式都很难进行到底，教学大纲的要求就很难实现。

2. 翻转课堂要求革除传统教学理念、教学方法上的弊端

受应试教育的影响，传统教学在教学理念、教学方法上存在弊端，这不仅不利于教师提升自身的专业能力，也导致学生的全面发展受限。具体来说，这些弊端主要包含如下层面：

（1）教师将教学视作实现教学目的的手段，教学是一个控制过程，是知识传递的工具，因此教师只关心如何选择教学手段，而忽视对教学目的的质问。

（2）教师将教学视作教与学的简单拼合。教师教授书本的知识，是简单的信息传递，学生学教师讲解的知识，是被动接受的容器。

（3）忽视学生体验，忽视学生发挥自身的主观能动性，缺乏生生互动。基于此，传统的教学模式下的教学阻碍了学生人格的全面发展，使得学生成为应试教育的机器，这样的教学与教学目的相背离。

翻转课堂这种模式，要求教师对教育观念进行改变，他们是否愿意改变，是必须要解决的首要问题。这种教学模式需要教师具备一定的信息素养，这样才能做得更好。可见，翻转课堂要求教师具备较高的素质与能力，要不断地在知识的海洋中充实自我，要对课堂的节奏与进度加以控制，要用宽广的视野来引导学生探索更大的世界。

（二）翻转课堂与传统课堂的对接

虽然传统课堂教学有着明显的弊端，翻转课堂的优势也凸显出来，但并不是要完全舍弃传统课堂，而是要求二者的完美对接。具体而言，主要从如下几点着手：

1. 学校作息时间安排问题

翻转课堂教学需要学生花费很多的课后时间展开自主学习，要求教师在教学时间上进行合理安排。在翻转课堂教学中，教师不应该占用学生过多课余时间，应该让他们能够有时间展开自主学习。学生在课后的主要任务就是观看教学视频，进行针对性练习。

2. 学科适用性问题

目前，国外的很多翻转课堂教学实践都是针对理科来说的，且理科具有明确的知识点、概念等，教师只需要讲好一个公式、一个例题就可以，因此容易实施

翻转课堂。但是，对于文科来说，其讲授的内容比较广泛，需要师生之间展开思想、情感上的交流与沟通，因此这对文科类教师提出了挑战。

这要求教师不断提升教学视频的质量，通过教学视频，将所要讲述的知识点进行概括，将相关的理论加以阐述，让学生在课后查阅相关的资料，并进行主动思考，然后在课堂上与教师或其他学生进行讨论，直至深化对该问题的理解。

因此，对于不同的学科，教师需要采用具体的策略来实践翻转课堂，并从学生的反馈情况入手，对相应的教学情况加以改革。

3. 教学过程中教育信息化技术的支持

翻转课堂的实施必然需要教育信息化技术的支持，从教师对教学视频的制作、学生的观看等，都需要教育信息化技术的参与。但是当前，网络宽带、速度等对我国各大高校开展在线教学有一定的限制，因此在实施翻转课堂教学时，学校需要解决这一问题。

同样，在教学视频制作上，教师也需要进行拍摄、剪辑等，因此需要一些专业人士的辅助。当然，不同的学科有不同的风格，教师需要根据自身学科的特点来确定。

4. 对教师专业能力的挑战

在翻转课堂实施过程中，教学视频的制作、与学生展开互动指导、课前学习任务设计等都需要教师来完成，因此在实施翻转课堂时，要加强对教师的培训。在提升他们专业理论水平的基础上，不断提升他们的科研能力，对学生的个体差异进行关注，并给予个性化指导。同时，在教师的技术素质上需要进行培训，便于他们制作出生动、活泼、丰富的视频资源。

三、翻转课堂模式下的大学英语教学过程设计

美国创新学习研究所（Innovative Learning Institute，ILI）提出了翻转课堂设计流程，具体分析如下：

（一）确定课外学习目标

翻转课堂模式下大学英语教学过程的设计要确定学生的学习目标。翻转课堂使得课内教学和课外教学进行了“颠倒”，学生总共需要完成两次知识内化过

程，第一次知识内化是在课外自主学习新知识，第二次知识内化是在课内完成的。显然，课内和课外对学生的要求是不同的，学生需要在课内外实现不同的学习目标。学习目标的确定要注意以下原则：

1. 明确性

在阐述学习目标时，应该重点强调学生在完成学习任务后行为或能力上发生的变化。

（1）认知领域教学目标。认知领域教学目标包括行为、条件和标准三个基本要素。在教学设计的实践中，有的教育研究者认为有必要在三要素的基础上加上对教学对象的描述，进而将学习目标的基本要素简称为ABCD模式。

A——对象（Audience）：阐明教学对象。

B——行为（Behavior）：说明通过学习以后，学生应能做什么，也就是行为的变化，较多使用“知道”“了解”“理解”“掌握”“应用”等动词进行描述。

C——条件（Condition）：说明上述行为在什么条件下产生。

D——标准（Degree）：规定达到上述行为的最低标准，即达到所要求行为的程度。

（2）情感领域教学目标。上面阐述的是认知领域学习目标，除此之外，还有情感学习目标，它包括形成高尚的道德品质、培养学生的某些态度、养成某种良好的习惯以及认同某种观念等。情感领域的教学目标更多地体现在思想意识形态上，与上述的认知领域学习目标有很大不同，运用上述ABCD目标编写方法是非常困难的。因此，情感目标需要通过思想意识的外在表现进行阐述。通常的方法是将学生的具体言行视为思想意识的外衣，要判断学习目标是否达到，只要观察学生是否具备某种言行就可以了。例如，当学习活动结束时，学生可将节约的零花钱储存起来，表明学生有了勤俭节约的意识。又如，学生不再乱扔垃圾，当看到地上有垃圾时会弯腰捡起，则表明学生养成了爱护环境的习惯。在上述例子中，学习目标编写者通过观察“学生是否储存零花钱”和“是否乱扔垃圾”的具体行动，来判断学生是否具有某种态度或责任。①

① 贾增荣，景美霞．微课下“翻转课堂”在大学英语听力教学中的应用［J］．大学教育，2017（7）：78-82.

2. 可实现

学习目标的制定往往要考虑学生的年龄、认知规律、知识水平等因素。不同年龄的学生，认知规律和知识水平各不相同，对于不同的学习活动最后所能达到的学习结果肯定不相同。所以，在制定学习目标的时候要考虑学生能否达成预设好的学习目标。为此，我们也可以将学习目标划分成不同领域的不同层次，以供不同学习水平的学生使用。

需要特别注意的是，翻转课堂的课外学习目标一般是低阶思维层次，如记忆、理解和应用。

3. 可测量

教师所制定的学习目标必须是可测量的。如果一种学习目标无法测量，就无法判断学生通过参加学习活动是否达到了学习目标，也就无法进一步判断学生的学习成效如何。所以，每个学习目标都应该有对应的评价问题或评价活动设计，并且有相应的评价工具去收集学生的学习情况。

（二）选择翻转内容

当确定了翻转课堂的课外学习目标后，要结合学生本身的认知规律和特点去选择自主学习的内容。课外学习目标主要是低阶思维的目标。本书针对如何选择翻转内容设计了一份表格，教师可以通过填写表格明确选择合适的学习内容用于翻转课堂的学习，具体如表 5-1 所示。

表 5-1 翻转内容选择①

学习目标	课程活动内容	运用的课程概念、主题和活动
课外低阶思维技能（布鲁姆）	学生很容易掌握的课程内容	
	你觉得学生在课外（作业）借助你的一点指导就能学得很好的课程内容	
	需要通过直接的教学或一对一辅导才能学好的课程内容	
	不一定需要教学活动，但需要教师在课外进行演示才能更好掌握的内容	

① 俞婕，魏琳．数字化时代大学英语翻转课堂新探索［M］．北京：冶金工业出版社，2022：24.

续表

学习目标	课程活动内容	运用的课程概念、主题和活动
课外低阶思维技能（布鲁姆）	学生自身较难掌握的课程内容	
	很紧急却没有足够时间进行设置好的课程活动	
课内高阶思维技能（布鲁姆）	需要在课内准备但要在课外完成大量任务的实践活动	
	你觉得需要你在课内进行讲授和引导，学生才能完成的课程内容	

（三）选择传递方法

选择传递方法指确定学生的自主学习内容通过什么媒体工具表现出来。教师要结合接收设备情况、学生的地理位置、学习内容的形式和资源大小等因素，选择适于学生开展个性化学习、传递内容形式丰富、传递速度快、获取方便的内容传递方式。

媒体工具主要分成两类：一类主要是用来传播第一类资源的系统工具，如各种网络教学平台、学习管理系统、交流通信平台、各种网络终端等；另一类主要是用于承载自主学习内容的媒体资源，如文字、图片（书本、试卷、案例、练习册等）、视频（教学实录、微课等）和动画等。

（四）准备教学资源

确定了学习内容及其传递方式后，就可以收集相关的网络学习资源供学生学习，或者开始制作、开发新的相应的学习资源。在该环节中需注意，无论是利用已有的学习资源还是自己开发新的学习资源，均需与先前确定的学习内容保持一致，并且资源的形式、大小等要求也需和传递工具相匹配。

（五）确定课内学习目标

本环节确定的是课内学习目标，是针对分析、评估和创造等高级思维技能的目标。因为在课外，学生能参与的更多是培养其识记、理解和应用等的学习内容，而在课内，学生通过与同伴和教师面对面地交流、讨论和开展协作探究等活动。所以，这一环节的学习目标与第一环节的学习目标有所不同。

（六）选择评价方式

在教学正式进行前，教学中的主体者和主导者，即学生和教师都要对课堂教学活动做好充分准备。

对于教师而言，选择一种合适的评价方式非常重要。低风险的评价方式应该是教师的理想选择，它指不对学生的评价结果进行分数、等级的评比，而仅作为发现学生学习问题的一种教学评测方式。通过低风险的评价方式，教师可以发现学生学习真正的难点，以便教师和学生调整教学计划和学习计划。①

（七）设计教学活动

如前所述，课外的学习内容和活动主要帮助学生解决识记、理解类的知识，在课内是帮助学生解决学习难点，并充分应用所学知识，学习更深层次的内容。

当通过课前评价了解到学生真正的学习难点后，教师需有针对性地设计具有导向性的课堂教学活动，以便更好地培养其分析、评估和创造等高级能力，可采用基于项目的学习、基于问题的学习、协作探究学习等形式。

（八）辅导学生

教师作为教学的主导者，在各种形式的教学活动中要充分发挥自身的主导作用，只有这样才能取得良好的教学效果。具体而言，在学生进行教学活动时，教师需提供相应的“脚手架”，为学生更好地开展活动提供必要支持。另外，在必要时，教师还应该为某些理解学习内容和活动有困难的学生提供个性化辅导。在整个学习活动中，教师需给提出疑问的学生给予及时的反馈，在学生汇报学习成果或学习结束后，教师要进行统一的总结反馈，以促进学生进行知识的内化和升华。

四、基于翻转课堂的大学英语教学模式的实施策略

（一）授课内容方面

在大学英语翻转课堂教学中，课程视频的制作占有较大比重，因此，课程视频中的内容设计非常重要，只有好的内容才能达成好的教学效果。但仍然有一些高校教师没有接受课程视频这一教学方式，还有一些教师虽然接受了新的教学理念，但还没有足够的技术能力去实施教学。因此，对于大学英语教师的视频制作

① 符强，常卓，仇立波，等．思维可视化和翻转课堂模式下辩证方法课程的构建［J］．黑龙江医药，2023，36（3）：592-595.

能力的培训应该提上日程。实际上，课程视频的制作也是对教师备课能力的考验。一个优秀的课程视频中应该含有与本课相关的知识内容，要具有一定的连贯性，不能过于碎片化，同时要适当加入一些有趣的内容，以吸引学生的注意力。课程视频内容还应结合实际，结合学生的学习生活，使学生“有话可说”，能够顺利地展开讨论，以此激励学生积极发言。除此之外，针对一些不太爱主动发言的学生，教师还应该在视频中加入一些课堂或课后练习，让学生将自己的想法写出来，以便于他们了解自己的学习状况。教师也可以通过这些练习把握学生的整体情况。

（二）课堂教学活动设计

大学英语翻转课堂教学模式主张教师将课堂还给学生，这要求教师合理分配课堂时间，把握教学进度与课堂节奏。在大学英语翻转教学课堂上，小组讨论交流、辩论活动的时间要适当地加长，当然这些讨论及活动应该围绕教师给出的课程视频进行，可以适当地展开发散思考，但不能过分远离本课内容。在这样的课堂上，教师的讲授不再是主要的教学方式，教师的功能主要是引导学生开展学习活动，营造活跃的学习氛围，掌握学生的学习状态，并在学生遇到困难时予以帮助。针对一些学习能力较差、学习进度较缓慢的学生，教师要对其予以关注，鼓励学生找到适合自己的学习方法，完善自己的知识体系，从而跟上大家的学习进度。

（三）教师理念和学生态度

在信息技术的冲击下，大学英语的教育理念发生了改变，教学模式也进行了改革。实际上，这种教学模式的转换一时间很难被高校教师所接受。因为在常年的教学实践工作中，大学英语教师已经形成了一套自己的教学方法，信息技术对课堂的介入，使他们产生了陌生感，感觉不能很好地把控课堂，如果想要与信息技术完美融合，必须突破原有的教学方式，向新的教学模式迈进。这给大学英语教师带来了极大挑战，教师的教学能力、应变能力、知识储备等都需要有所提升和增强。

从学生的角度讲，学生对新的教学模式不一定能够快速适应，教学模式的变化并不会对他们的学习态度起到立竿见影的效果。所以，教师要引导学生积极适应翻转课堂教学模式，帮助学生融入课堂，逐渐走出原来散漫、被动的学习状态，鼓励他们与同学、教师积极交流。学生会有相应的改变，但可能需要一些时间。因此，无论如何，翻转课堂教学模式都需教师和学生双方的接受适应。

第三节 微课教学模式

微课教学是大数据时代的一种新的教学形式。微课这一教学模式的形成并不是偶然的，而是经过了多重时代孕育过程。本节就从以下几个层面对微课教学模式展开分析：

一、微课教学模式的定义与特征

（一）微课教学模式的定义

从字面上来说，“微课”可以从以下三个层面加以阐释：

（1）对于“课”这一概念来说，微课是“课”的一种，是一种课式，也是一种内容短小的教学模式。

（2）对于“课程”这一概念，微课是有计划、有目标、有内容、有资源的。

（3）对于“教学资源”这一概念，微课具有丰富的教学资源，如数字化学习资源包、在线教学视频等。

但是，对其内涵进行挖掘，可以发现微课是一种具有单一目标、短小内容、良好结构、以微视频为载体的教学模式。微课的最初理念是通过正式或者非正式的学习方式，人们不断对短小、主题集中、与实践紧密结合的专业知识进行学习，从而提高学习效果，促进知识的内化。

微课教学模式从本质上看是一种对教与学进行支持的新型课程资源。并且，微课教学模式与其他与之匹配的课程要素共同构成了微课程。从这点来看，其属于课程论的范畴。当学生通过微课教学模式开展学习时，他们是以微课作为媒介与教师产生交互活动，通过面对面辅导、在线讨论等进行直接交互，从而产生有意义的教学。从这点来说，其属于教学论的范畴，其关系如图 5-1 所示。

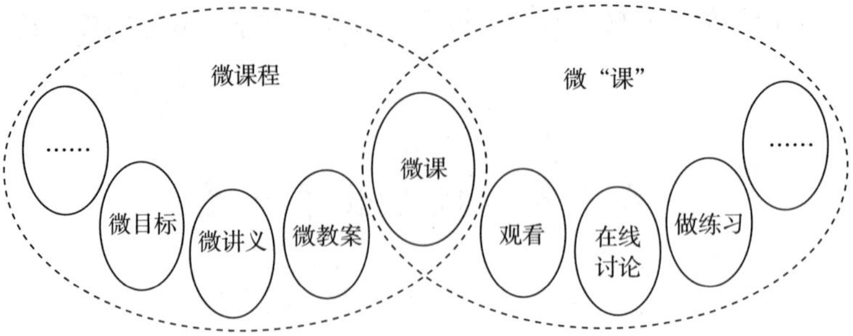

图 5-1　微课、微课程与微“课”的关系①

（二）微课教学模式的特征

从微课的定义与构成上不难看出，微课与当前教育信息化技术相适应，也与《大学英语教学指南》相适应，是一种新兴媒体在教学领域的运用。可以说，微课在大学英语教学中的特征非常明显。

1. 教学内容少

微课教学模式主要是对课堂教学中某一知识点教学的凸显，或者是对教学中某一环节或者某一主题活动的反映。与传统教学内容相比，大学英语微课教学内容精简，更符合教师的需要。

2. 教学时间短

一般来说，大学英语微课教学视频时长为 3~8 分钟，最长不应超过 10 分钟。相比之下，传统课堂教学时间长，一般为 40~45 分钟。因此，微课常常被称为“微课例”或“课例片段”。也就是说，微课教学时间短。在当前的大学英语教学中，使用微课教学模式展开教学有助于集中学生的注意力，并将这些注意力集中在教学的黄金时段。

3. 资源容量小

通常情况下，微课教学模式中的教学视频及配套资料的容量约为几十兆，容

① 何晖，袁建光，王藜藜．基于微课的大学英语混合式教学模式探究［J］．英语广场：学术研究，2022（18）：54-57.

量一般比较小。视频格式多为支持网络在线播放的流媒体格式。在大学英语教学中，微课这一模式有助于教师与学生间流畅地交流。

4. 反馈及时，针对性强

微课教学内容少、教学时间短，可以在短时间集中开展“无生上课”活动，因此教师和学生都可以迅速获取反馈信息。此外，每一位学生都可以参与进课前组织预演，相互学习与进步，在一定程度上有助于减轻教师的压力，保证英语教学活动的顺利开展。

5. 主题鲜明，内容具体

微课课程的开展建立在某一主题上，其研究和探讨的问题主要来自具体、真实的教学实践。例如，教学实践中的关于教学策略、学习策略、重点难点、教学反思等问题。

6. 成果简化，多样传播

由于微课教学内容主题鲜明，内容具体，因此其成果易于转化和传播。同时，微课教学时间短、容量小，因此其传播的方式多种多样，如网上视频传播、微博讨论传播等。

二、微课在大学英语教学中的意义

在大学英语教学中运用微课开展教学，可以为学生创造直观而且优良的教学环境，能让学生将全部精力放在英语学习上，对于英语教学而言意义重大。具体而言，微课在大学英语教学中所发挥的作用体现在以下几个方面：

（一）推动了大学英语教学模式的改革

教育改革的推进深受新型教育模式的影响，大学英语教学改革在这种模式的推动下不断深化。传统的大学英语教学模式形式陈旧单一，无法满足学生的需求，也无法适应当代社会的需求。通常课程讲授量大，超出学生的接受限度，学生多感觉课堂教学无聊乏味，如果使用微信或者 QQ 发布英语知识点讲解，则会更加受欢迎，因此微课是当代创新性的教学方式，属于知识的传递，能够满足学生的具体需求。

将微课教学运用于大学英语教学，可以加速教学改革，更新教师的教学结构和教学理念，使教师顺应时代的发展和学生的需求，也能让英语教学跟上时代发展。此外，微课推动着大学英语课程内容和体系的改革，微课通过时代信息技术，整合教学资源，可以扩大教学途径，转换学习视角，丰富教学资源，改革课程体系。

（二）顺应时代发展

互联网技术的发展，使得人们更加方便地获取和接收信息。随着互联网进入微时代，微视频、微信、微博等逐渐兴起，并成为人们日常生活中的重要部分。就教学而言，学生对手机的关注多于对课本的关注，教师传统的对段落和知识点的讲解方式会让学生觉得枯燥乏味，对此有些学生甚至不带课本，而是随身携带手机等工具上课。

在信息化时代，学生更能接受数字信息化的学习模式，偏向于既简单通俗又富有趣味性的知识信息，而微课作为信息技术发展和教学改革的产物，能有效满足学生的这种学习心理，对于激发学生的学习兴趣发挥着重要作用。

（三）满足不同层次的学习需求

教师在使用微课教学时，会将微视频上传到微信或者 QQ 等平台上供学生分享，此时，那些在课堂上没有记笔记或者存在理解障碍的学生可以根据需要反复观看视频内容，温习所学内容，进而加深和巩固所学内容。①

（四）建立新型的师生关系

在大学英语课堂教学中，教师普遍使用多媒体进行教学，就是以书本内容为核心，以 PPT 的形式讲解课文知识。受课堂时间的限制，教师在讲解过程中语速较快，模式单一，大多数学生未能完全掌握课堂知识，而且对课堂教学缺乏兴趣，因此教学效果往往不佳。而在微课教学中，教师的角色发生了变化，不仅是传授者，也是解惑者和引导者，教师除向学生提供学习资源外，还会指导学生有效学习，满足学生不同层次的个性需求，这有利于改善师生的紧张关系，拉近师生之间的距离。

（五）培养学生的自主探究学习能力

培养学生的自主探究能力是大学英语教学的重要任务之一，因此在大学英语

① 王海南．微课在大学英语信息化教学中的应用［J］．中国新通信，2022，24（6）：191-193.

教学中，教师应注重培养学生的这一能力。有效利用网络和微课教学的优势，可显著提高学生的自主探究意识和能力。具体而言，教师在向学生讲解英语课文时，可结合教学中重点内容和课文中出现的不同角色，先播放相关的视频让学生观看，然后对他们进行分组，让学生以小组为单位讨论课文内容，并进行创意表演。通过这一过程，学生不仅积极性被调动，而且能积极自主探究学习内容，加深和巩固对课文内容的理解。

三、微课在大学英语教学中的实践应用

（一）微课在大学英语教学中的开发及应用路径

1. 依据学生实际需求，合理设定教学内容

教师应根据学生学习语言的具体需要而确定基于微课教学模式的开展方式，教学的内容须合理而丰富，以便获得预期的教学效果。高校学生学习语言的需求主要有两个方面：一是学习一些外语课程的基础知识；二是提高自身使用外语的技能。教师可以此为目标设计基于微课的大学英语教学模式。针对学生学习基础课的需求，基于微课的大学英语教学中要包括大学四、六级考试的相关内容。教师应根据大学英语的教学目标，按不同的内容和顺序设计基于微课的大学英语教学的内容，如语义知识和篇章结构知识。

对学生进行听力、口语、阅读及写作能力的培养也是大学英语教学的目标，教师应该据此目标制作一些相关的微课视频，以方便学生根据需要选择学习内容。将基于微课的大学英语教学模式引进教学过程后，教师应及时建立方便、快捷的交流平台，引导学生在这个专用平台上开展交流，讨论遇到的问题，从而潜移默化地提高他们参与微课的热情。

2. 重视媒体资源的选择，做好微课权利保护

微课的教学视频是基于微课大学英语教学的重要教学资源，所以必须要符合制作精良、选择准确、共享便捷的要求。① 视频类资源是微课视频的制作基础，目前我国网络上的各类视频资源质量良莠不齐，因此需要制作者针对大学英语教

① 何芳．微课在大学英语教学中的开发与应用研究［J］．河北广播电视大学学报，2016，21（4）：88-90.

学进行精心筛选，努力制作出质量上乘、丰富实用的微课视频，让基于微课的教学模式健康有序地在大学英语教育中发挥应有的作用。

从法律层面看，我国的互联网资源在产权保护及共享方面还缺少严格而周密的相关规定。因此，高校和教师都应提高这方面的意识，在积极投入人力、物力、财力，加快制作大学英语微课视频进度的同时，也要注意保护好属于自己的微课视频的著作权。只有做到发展和保护并举，基于微课的大学英语教学模式才能沿着健康高效的道路前进。

3. 重视教学经验总结，完善基于微课的大学英语教学模式

在大学英语教育中引进微课的形式，对促进大学英语教学改革意义重大。在大学英语教学中推广和运用基于微课的教学模式可以推动微课教学研究的深入开展。学校和教师应基于微课教学模式实践中总结经验，不断更新授课内容和教学方法，在教学的过程中发现问题、解决问题、积累经验，争取创建并发展出一套科学实用的基于微课的大学英语教学理论，并使之成为大学英语教学不断取得进步的基础。直接面对学生的教师应当结合自己的角色优势，边摸索、边分析、边总结，把自己的教学实践经验同微课的教学理论结合起来，努力探索新的、可以与微课相辅相成的教学方法，使微课教学的优势充分发挥出来，使大学英语教学改革稳步向前推进。微课具有便捷、开放、活泼、丰富的特色，这种教学模式可以成为大学教育的一种新思路和新方式。在制订微课教学计划时，教师不仅要使之与教学目标和计划相符，还要考虑学生学习语言的需求，对课程做出合理的安排，建立起可供学生交流互动的优质平台，以获得预期的教学成效，使得大学英语教育变得更具实用性。

（二）微课在大学英语教学中的应用步骤

大学英语教学中的微课教学模式实际上是一种微型化的网络英语课程教学，一门完整的网络英语课程，由众多的与知识相关的教学环节的微课组成。大学英语微课教学模式的应用包含以下几个步骤：

1. 明确微课制作中应注意的问题

首先，在制作微课时，要快速进入主题，使用多模态教学。由于微课时间较短，因此教师需要在最短的时间内进入主题，以便于学生快速了解视频内容，避

免导入时间过长。相较于传统面对面教学，微课讲解会更难，因为教师不能及时了解学生的学习情况，讲解内容如果空洞，则引不起学生的学习兴趣，此时教师可以使用多模态教学，增加内容的灵活性，使教学形式更具吸引力。

其次，加强逻辑性与条理性。微课制作过程中，教师要选择相关的教学资源、PPT 和主题，使教学资源和 PPT 间形成较强的逻辑性和清晰的条理性，便于学生准确找到课程主线。此外，教学资源不能毫无秩序地罗列，应具有逻辑性，便于学生清晰地了解视频内容。

最后，明确课题内容，突出课程重点。微课需要在短时间内完成教学任务，因此要明确课题内容，快速切入主题，突出教学重点，抓取重点加以讲解即可，没有必要面面俱到，否则会延长教学时间，影响教学效果。

2. 精选微课教学资源

微课制作的优劣直接影响着大学英语微课教学的效果，因此教师在制作微课时要熟练掌握相关的多媒体信息技术和各种软件，创新视频内容，提高视频制作质量，增加视频的吸引力。例如，在讲授“Natural Disasters”的内容时，教师可以先分析课文重点，然后提取重要的有价值的内容。微课教学的目的在于研究自然危害对人类的影响，因此，在微课中没有必要再说明自然灾害的原因等，直接展示自然是如何给人类带来伤害即可，并且确保视频流畅性，吸引学生注意力，将学生的目光锁定在自然危害上。

3. 明确微课教学的课前预习

在大学英语教学中要想有效使用微课进行教学，应做好准备工作。视频制作完成后，需要规划课前的学习方式。大学英语教学不同于初高中英语教学，需要学生掌握牢固的英语基础，而且倡导学生自主学习，注重学生自主能力和创新能力的培养。

在开展微课教学前，教师需要制定课前教学任务，这样在教学中，教师和学生能够进入各自的角色中，提升教学质量。例如，在微课中讲解“Is there life on other planets?”时，教师可以通过先提出问题，然后学生根据问题运用不同的方式进行探讨学习，从而锻炼学生的自主学习能力，提高教学效率。

4. 把握微课在大学英语教学中的教学方式

微课对于教学的意义是不言而喻的，但要想充分发挥微课的作用，提高教学质量，还要把握微课在大学英语教学中的教学方式。具体而言，在大学英语教学中，教师要注意营造课堂氛围，发挥微视频吸引学生注意力的作用。在采用教学策略时，教师可采用互动教学方式，借助微视频让学生学习英语知识，在学生观看视频之后为他们留出时间进行讨论。

通过讨论，学生可以交换意见，加深对课程内容的理解。另外，学生可以向教师提出建议，教师对学生的建议进行总结，对自己的微课教学进行优化，从而进一步提高教学效率。

综上所述，教师要依据具体的教学内容、学生的学习情况等设计有效的微课，以便更好地服务于英语教学，提高大学英语教学的质量和学生的学习效率。

（三）微课在大学英语教学应用中存在的问题分析

因为微课具有内容精练、时间简短、运用方便、传递知识快等特征，所以借助微课开展大学英语教学的教师越来越多，而且深受学生喜爱。不过因为微课的发展史较短，教师在具体实施过程中还不够熟练。

1. 对微课的教学观念还未达成一致

现在，微课慢慢地成为教育行业的新宠，许多学校提倡将它运用到实际教学当中，但因为微课诞生的时间并不长，所以到目前为止并未给大学英语教师指出一个明确的教学方向，也未形成一个统一的实施标准。教育专家也是众说纷纭，各执己见。有的专家觉得微课不应该面向学生，因为学生的外语水平参差不齐，部分学生无法在短时间内掌握微课中所有的知识点；转而应该面向广大教职员工，认为教职员工应借鉴他人的教学视频，对照自己的教学方法，取其精华，去其糟粕，还可反复研究自己制作的微课，找到不足之处，纠正调整，以提高自己的大学英语教学水平。有的专家则认为，微课适用于大学英语教学，学生通过这种方式更容易理解教学内容，更能激发他们的学习热情。因为关于微课暂未形成一个统一的实施标准，也没有一个明确的教学方向，导致大学英语老师在操作过程中不明白侧重点是什么，不能很好地展示教学内容，而且限制了微课的发展。

2. 微课的课程内容不够精练、生动

虽然大学英语微课视频时长一般不宜超过10分钟，但实施起来却比传统教学要难。这与微课的基本特征有关。虽然微课视频的时间短、内容少，但所含内容是专业性很强的知识点，要在有限的时间内让学生理解掌握实属不易。在此过程中，大学英语教师不仅要组织好语言，还应保证教学的流畅性，对于教学内容也一定要讲解透彻。微课可以采用讲授、操作演示文稿、屏幕录像以及演讲等多种方式呈现。学生一般通过观看大学英语微课进行主动学习，所以教师在录制过程中要设计一些有趣的环节或用幽默诙谐的语言调动学生的积极性，让他们在一个轻松愉悦的氛围中学习。可是，在真正录制时，教师因为在此方面涉足不深，所以对于大学英语教学方法的运用、知识点的选取等多方面都存在不足，过于注重缩减时间，却忽略了更为重要的知识讲解模式，甚至有很多教师直接将缩减后平日上课所用的演示文稿制作成微课。

3. 微课的制作技术有待提高

大学英语微课视频的录制离不开视频制作。视频录制是微课制作必不可少的环节。完成微课视频的制作要求大学英语教师要具备一定的视频录制能力。教师通常用手机或者专业的录制设备进行录制，并使用专业的软件进行开展录制工作。视频画面和声音的清晰度等因素直接决定了大学英语微课视频的质量。但是，绝大多数的大学英语教师之前所学的都是外语专业，对于视频的录制基本上没有进行过专业的培训，所以对视频的录制以及处理的程序和技能也不太清楚，更谈不上对相关专业软件的应用。

4. 微课的教学内容还未形成体系

因为微课的发展进程较短，大学英语教师对它不够了解，操作不够熟练，而且日常的工作也比较繁忙，没有太多的时间对微课进行深入的研究，因此录制难以持续进行，无法将所有的知识点全部联系起来并做成微课，只是针对具体某一个句型或某一个词组来展开大学英语教学。呈现出来的知识点也比较零散，无法连贯串通，更加不能构成一个整体。而且学生的英语基础不够扎实，知识体系也并不完善，所以学习起来比较困难，像这种零散的知识点的学习反而可能让他们比较困惑，从而失去学习的动力和方向。另外，学生也不能借助微课来整理和学习完整的知识内容。大学英语教学过程应严整有序，因为如果学生所接触的知识都是零散的，不仅会使其难以理解所学内容，甚至会降低他们的学习兴趣。

（四）微课在大学英语教学中应用问题的解决对策

1. 教育部门应统一微课的教学观念

教育部门在微课的发展过程中，需要进行大力宣传，鼓励更多大学英语教师参与到微课制作中来，让教师的思想达成统一。教育部门不仅要指引教师制作微课，更要从思想上引导教师，帮助他们转变传统的教学观念，从而树立起新的教学目标。微课的本质是让学生成为教学活动的中心。① 大学英语教师应根据学生的需求设计微课并将之运用于学生，那么在制作微课时，可以用多种多样的方式展现课堂内容，将学生的喜好融入微课中，从而提升微课的趣味性和独特性。除充分调动教师参与微课制作的积极性外，教育部门还要对微课的内容进行正确的引导，使这种新型的教学模式与传统的教学内容相适应、相呼应，最大限度地发挥微课的功能，使其能更好地对传统教学的内容进行补充和升华，让学生在大学英语课堂上加强吸收课程内容，增强获得感，并且通过不断的练习，更好地理解教学内容。

2. 为大学英语教师开通微课制作技术培训通道

制作优质的微课视频离不开大学英语教师的熟练操作技术。因此，教师不仅要掌握最基本的微课理论制作知识，还要克服各种技术难关，掌握视频制作的基本技巧，熟练操控微课制作的应用软件。微课视频的制作对于很多教师来说很难，教师仅依靠个人自学可能无法完成制作任务。

有些大学英语教师在微课视频的制作过程中，在碰到困难和阻碍时，甚至产生了放弃的想法。面对教师的畏难情绪和不自信的情况，有关部门需要积极开展相关培训活动，开通技术支持通道鼓励教师制作微课视频。此外，学校也要充分整合校内外资源，搭建校园沟通内训平台，专门聘请技术人才培养大学英语教师制作微课视频的能力。只有各部门与学校齐头并进、联手合作，才能消除教师的畏难情绪，帮助其解决在实际操作中遇见的障碍和困难，从而激发出大学英语教师积极创作微课视频的动能。

① 杨鹏．微课在英语教学中应用的问题与对策研究［J］．湖北经济学院学报（人文社会科学版），2017，14（4）：156-157.

3. 相关部门应组建大学英语微课视频制作队伍

只凭借个人力量无法制作出高品质、有特色的大学英语微课视频。要想将所有教学资源进行整合和重组加工，并且制作出完整的微课视频，需要依靠团队的力量，要吸引大量的人员参与其中。相关部门应组建专门的队伍制作大学英语微课视频，尤其是教育部门要牵头，充分整合所有教育资源，通过科研立项和资源整合吸引更多的专业化人才，特别是视频制作方面的技术人才，从而建成新的教育团队，通过合理的人员分工完成大学英语微课视频的制作。大学英语微课视频的制作不仅要做到高质量、高效率，还要有系列化的内容。有关部门要积极推进大学英语微课视频制作团队的构建，多开展大学英语微课视频的项目活动。例如，以小组专题研讨的形式开展大学英语教师的交流活动、以培训授课的方式组织大学英语教师进行微课视频的制作与设计等。总之，相关部门要以团队的方式提高大学英语教师制作微课视频的技术水平。

4. 外语教师应增强外语微课视频的系统性

大学英语微课视频之所以需要具备一定的系统性，是因为一门学科的形成离不开知识结构框架的组建，所以，团队在分工制作大学英语微课视频时，首先要重视并增强微课视频的系统性。大学英语微课视频制作团队可以围绕辅导教材的内容展开，将大学英语教材知识融入制作过程，从而形成系统化的视频内容，以便将微课视频应用到大学英语教学课堂中去。系统化的微课视频有助于外语学生及时获取外语知识、形成完整的知识框架、掌握外语学习的技巧和方法、熟练把握大学英语学习的重点和难点，并能够做到有的放矢，在薄弱的地方加强学习、在擅长的地方加强巩固，让学生的英语综合能力得到不断提升的同时形成自己的学习方式和学习思维，大大提升学生的积极性以及增强其自信心。

第四节　混合式教学模式

混合式学习作为一种新型的学习方式，在教育信息化背景下得到应用和推广，已逐渐成为大学英语教学的主流模式。

一、混合式教学的内涵与特征

（一）混合式教学的内涵解析

对混合式教学内涵的理解，主要有以下几点：

第一，它是教育信息化背景下，通过以技术、信息和知识为基础的“学习”和“学习”过程而传递的。然而，在学习过程中选择合适的技能和培训时间对培训的质量与有效性很重要。

第二，混合式教学不仅是在线学习与面对面课堂学习的结合，更是多维度“教与学”的结合或融合。这些包括教育理论、教育模式、教育活动、学习设施、课堂学习环境、在线学习环境、教科书、学生服务等。

第三，混合式教学的关键是选择和优化“教与学”的所有要素，以实现“教”与“学”的目标，混合教育包括优化“教”与“学”的要素组合，以达到更好的效果。①

第四，混合式教学本身是一种教育理念和策略，应该放在信息化、网络化的教育环境中。它包括不同的教学理论、不同的教学方法、不同的学习目标和学习环境，将不同的教育资源整合为一个整体，在教师、学生、计算机间是有效的，可以实现互动。

总之，混合式教学的核心内涵是不同教学方法、教育资源、教育模式、教育媒体和学习环境的整合。在各种教育理论的指导下，课堂教育与网络学习环境有机地结合起来，具有主要的双重功能（以学生为主体，教师为主导）和辅助功能（教育管理者）。在自主学习、客户服务等方面应给予学生最大限度的个性化学习环境。

（二）混合式教学的基本特征

1. 时代性

混合教育是教育国际化、信息化的必然产物，受到教育界的高度重视，而且

① 吴娟娟．大学英语混合式教学研究［M］．北京：北京工业大学出版社，2019：19.

随着科学技术的发展和教育技术的不断更新，混合教育将有新的科学技术观。

2. 实用性

混合教育来自商业培训。许多国家在高等教育、教师培训等教育领域都采用了这一方法。在这方面的探索和实践研究表明，混合教育已被证明是一种非常有效的教学方法。可以说，它的应用和研究领域非常广泛。

3. 多元性

这一结论可以通过混合教育的定义得出。“特色多元，学习要素趋同”指各个方面有机结合；各种理论基础；认知、行为、结构、社会和文化特征。通过对混合教育的定义，可以将其理解为“多学科”，整合不同的学习要素，整合不同领域的学习。

4. 动态性

从混合教育的初期到后期，混合教育随着时代和环境的变化而得到明显的改善和发展，教学模式、教学方法、教学内容等都越来越多样化。

二、混合式教学模式在大学英语教学中的意义

（一）加快大学英语教学理念的创新

要想在大学英语课堂中更好地应用混合教学模式，需要先更新教学观念，不墨守成规，真正树立起混合式教学理念。将混合式教学的理念融入大学英语课堂，能够加深大学英语教学与互联网技术之间的融合，从而更好地把互联网模式、理念或者技术等应用到教学过程中，这有利于大学英语课堂教学的创新与变革。另外，需要指出的是，大学英语课堂混合教学模式也促进了各种教学方法、理念和技术之间的相互融合，从而使大学英语课堂能够对各种方法和技术进行综合运用，发挥各种方法和理念的优势，解决实际教学过程中所遇到的问题，并使大学英语教学得到进一步创新。①

（二）构建混合模式下多边互动的师生关系

如果将混合教学模式应用在大学英语课堂中，必然会使教师与学生的角色功

---

① 马海燕，李新元．大学英语课堂混合教学模式探析——评《大学英语混合式教学探究》［J］．高教探索，2019（7）：136.

能、任务、关系等发生非常明显的变化。

首先，混合教学模式更加强调学生的主体性地位。教师应该花更多的精力帮助学生提高自主学习能力，引导学生通过各种平台和渠道搜寻自己所需要的信息资料并最终形成最适合自己的学习模式。

其次，教师的功能和任务也发生了很大的变化，在课堂教学指导方面以及教学设计方面都更为复杂。教师要及时更新自己的教学理念，及时了解教学新环境，在提高自身综合能力的同时加强对大学英语课程的合理设计，有效地将各种混合式教学理念、方法和技术等融合起来，从而使大学英语课堂对学生起到更好的教育作用，并最终达到大学英语核心素养的培养目标。

最后，师生关系也变得更加密切。师生之间关于教学方面的交流和互动，不仅能够加深学生对知识的理解，促使学生对遇到的问题进行反思，还能够使学生对课堂内容的记忆更加深刻，这有利于学生对相关知识点进行熟练运用。

（三）推进大学英语课堂混合式教学模式的多元化发展

将混合教学模式应用在大学英语课堂中，使传统课堂发生了巨大的改变，并且课堂教学的所有环节都更加多元化，更加具有开放性，从而推动了大学英语课堂创新性的发展。

从教学资源方面来看，该混合教学模式能够对新媒体以及互联网中优良的大学英语教学资源进行汇总和分享，从而丰富学生的英语学习资源。有了这些资源的支撑，学生能够增加自己的知识储备，并进一步提升自己的能力。

从教学手段方面来看，混合教学模式所使用的教学方法和技术并不是单一的，它对教师提出了更高要求，教师应该根据大学英语课堂的具体需求灵活使用各种教学方法和手段，从而有效解决课堂中的各种问题。

综上可知，大学英语课堂混合教学模式是在互联网信息技术的基础上，使英语教学更加多元和开放，使课堂教学的所有环节都更加完善，从而提高了大学英语教学的质量和效率。[①]

---

① 马海燕，李新元．大学英语课堂混合教学模式探析——评《大学英语混合式教学探究》[J]．高教探索，2019（7）：136.

三、大学英语混合式教学的设计要求

（一）教学环境要求

1. 创建媒体化课程教学环境

将媒体化教学环境应用于课程教学中具有重要意义，在课程教学中，以传统教室为基础，有机组合诸多类型的教学媒体，通过屏幕投影将生动形象的多媒体教学信息如图片、视频、音频等直观呈现给学生，以优化教学过程，提高教学效果。

多媒体教室（多功能教室、多媒体综合教室、多媒体演示教室）是课程教学中运用最多的一类媒体化教学环境，也是比较新型的课堂教学系统之一，它集中了很多现代化的教学设备，教师在课堂上将丰富的教学内容直观地呈现出来，使学生更加直观地掌握教学内容，加深对教学内容的记忆。

多媒体教室的教学功能有很多，结合课程教学，下面列举其中几个主要功能：

第一，常规教学。不管是传统的教学，还是多媒体教学，都可以在多媒体教室完成，这是多媒体教室综合性特征的重要体现。

第二，课堂演示教学。教学内容可以通过多媒体教室的教学设备而被投影到清晰的大屏幕上，以便于学生直观地观察、学习，比赛场景或某个具体的项目动作等也可以通过多媒体系统来模拟演示。教师通过这种方法，直观明了地向学生传递教学信息，学生的感官受到刺激，学习兴趣自然就会提升，课堂教学效果与教学质量也会因此得到改善。

第三，对教学信息与资料进行搜索。学校的多媒体教室一般都是连接网络的，有的还与校园网相连，教师可以在课堂教学中根据教学需要直接搜索所需资料，这能够为教师的教学活动与学生的学习活动提供便利，节约课堂时间，提高课堂教学效率。

第四，各种教学课件和软件的播放。教师可利用多媒体教学设备播放提前已经准备好的多媒体教学软件（录音带、VCD、CD 光盘等），从而使课堂教学效果得到强化与优化。

2. 创建网络化课程教学环境

信息化教学的开展离不开网络化教学环境的支持。教师将网络通信技术、计算机技术充分利用起来，通过文本、信息交互技术、影像等丰富的信息媒体资源而向学生传递重要的教学信息与资源，以促进学生更好地进行自主学习与合作学习，提高课堂双向互动交流的效率和学生的学习效率。常见的网络化教学环境主要有多媒体网络教室、校园网、网络教学平台、远程教育网等。下面结合课程教学主要分析多媒体网络教室与校园网。

目前来看，多媒体网络教室（多媒体网络机房、计算机网络教室）作为一种新兴网络教学系统，在我国各类学校的应用非常广泛，大中小学普遍都会用到多媒体网络教室。多媒体网络教室属于小型教学网络，由若干台多媒体计算机及相关网络设备互联而成，可以将其作为计算机机房使用，也可以作为多媒体演示室、视听室、语音室使用，这是多媒体网络教室的功能及应用形态的主要表现。要使用多媒体的网络教室，必然离不开现代网络技术和多媒体技术的支持。多媒体网络教室在课程教学中的具体应用及功效主要表现在以下几方面：

第一，优化教学结构，使学生有更多的实践机会。在课堂教学中，多媒体网络教室的软件可作为辅助教学手段，如当教师口头讲解时，可用语音对话；当示范动作时，可播放图片或视频，使学生看得更清楚。多媒体网络教室的设备还有监控功能，当学生自主学习时，教师可以通过检查学生的学习情况，发现其中的问题，从而对教学过程进行更合理的调控。学生如果在听讲或自主学习中有疑问，可利用电子举手功能向教师提问。教师可以利用辅导答疑功能对学生进行个别指导，有针对性地解决学生在学习中的个别问题。另外，教师还可以组织学生交流经验，讨论问题，对于普遍存在的共性问题集体处理。这样可以在整体的系统中将诸多环节联系起来，使课堂教学结构更加优化，而且学生在交互式的环境下有更多的机会去实践，学习效果会有所提高。

第二，丰富教学内容，提高课堂效率。教师制作多媒体课件，要以教学目标、教学内容及教学需要等为依据，在课件制作中分类建库、分类储备各种教学资料，如教案、图片、实验用具等，以便在课堂教学中快速调用这些准备好的资源。多媒体网络教室集图书室、资料室、实验室于一体，与互联网连接。在课堂教学中，教师可以获得教学所需的资源信息或校园网上的共享资源来创设教学情境，使教学时空进一步拓宽，这有助于良好课堂氛围的营造，既轻松愉悦，又保持适度的紧张。学生利用学习机也可以实现学习资源的共享，在获得这些资源的基础上充分发挥主体作用。这种教学方式具有高密度、高效率的优势，可促进课堂教学效率的提高。

第三，可优化组合多种教学形式。在课程教学中，教师可将本校服务器中的多媒体教学软件结合起来进行全面教学，学生在自主学习中可对学校服务器中的学习资源自由访问，提高自主学习能力。另外，教师与学生查询及运用网上资源都是实时性的，这有助于师生间以某个特定主题或教学任务为中心而展开互动，如通过讨论室进行讨论，从而快速完成教学任务，使学生全面理解问题，这也为课堂中小组合作学习、自主探究学习以及讨论协商学习等多种学习形式的优化组合运用提供了方便。

（二）教学内容要求

1. 创设情境，使学生在真实情境中掌握和运用知识

在传统教学中，往往从具体情境中将知识抽离出来，抽离出来的知识是抽象性、概括性的，虽然这样可以将具体情境中的“本质”内容（概念、规则、原理等）体现出来，但知识运用的具体性与情境性却被忽视了，这样学生虽然掌握了知识，却在具体的任务情境中或遇到现实问题时无法运用所学知识，学习结果无法顺利迁移到现实中。要使学生在建构层面掌握所学知识，而不仅掌握知识的表面，也应深刻理解知识表面所隐含的性质、规律及相关关系，最好为学生创造真实或接近真实的情境，使学生在亲身参与中去感受、体会，获取直接经验，而不是从教师的口头讲解中去获取。

对此，在大学英语混合式教学中，教师要注重对真实问题情境的创设或对真实任务的设计，使学生尽可能在真实的情境中完成所有学习活动。这里要注意一点，真实情境与现实情境不同，不一定要真实客观存在，情境有很多种类型，如基于学校的情境、基于自然或社会生活的情境、想象虚拟的情境、真实现实的情境等，在课堂教学中不管是创设哪种类型的情境，都只有一个原则，就是使学生能够经历类似于真实世界的认知挑战。

2. 利用学习资源为学生的自主学习和协作学习提供支持

在大学英语混合式教学中，要将丰富多彩的信息化学习资源提供给学生，并在学生获取学习资源、分析处理学习资源、编辑加工学习资源的过程中提供引导与帮助，从而为学生的探索学习、分析解决学习中的问题提供支持。有些学生对信息化学习资源不熟悉，也不习惯运用，对此，教师要加强对信息化资源的普及，鼓励学生使用信息化资源，使学生充分认识到这些学习资源给其自主学习带来的便捷与好处，然后借助现代信息化学习资源更好地进行自主学习、合作学习。

3. 为学生提供有效引导、支持

大学英语混合式教学强调学生充分发挥自身的主体作用，主动学习、主动探索，但因为学生的知识结构比较单一，认识水平比较低，也缺乏实践经验，所以在自主学习的过程中，教师要适当地进行指导，在关键时刻给予帮助，如为学生提供丰富的学习资源、反复示范正确的技术动作、为学生提供咨询服务、创设问题情境启发学生思考与探索等，对于那些自我调控能力差的学生，尤其要给予引导和帮助，以免学生因不熟悉新的内容或在学习中受挫而消极被动学习，影响学习效果。

4. 强调协作学习

大学英语混合式教学强调教师要重视设计协作学习方式，具体包括学生间的协作、师生间的协作、学生与他人间的协作、各主体间面对面的协作以及在计算机教育信息化技术支持下的信息化协作等。协作学习不仅是学生发展的需要，也是社会发展的需要，因此信息化教学设计特别强调协作学习。现在，社会分工的细化趋势越来越明显，知识增长极为迅速，需要协作配合才能完成的工作越来越多，所以在现代人才的评价中，将协作意识与合作能力作为一个重要判断标准。

从学生方面看，不同的学生有不同的成长经历和知识经验，面对同一知识或问题，不同学生的理解可能不同，学生个人的理解可能存在局限性，或者说比较片面、肤浅、不充分、不完善，也有可能就是错误的，而通过协作学习，学生间相互沟通交流，每个学生充分表达自己的看法与见解，同时听取他人的不同看法，在这个过程中学会聆听、接纳、互助、共享，在不同观点的碰撞中更好地理解知识与问题，这时的理解比之前个人的理解更充分、全面、完善、深刻。

5. 在学习和研究活动中将“解决问题”和“任务驱动”作为主线

大学英语混合式教学强调不要将学习孤立看待，而要将其与更多的问题、任务联系起来，以“解决问题”和“任务驱动”为主线进行学习，学生主动投入真实的问题情境或人物情境中，以完成学习任务，解决学习问题。教师在教学设计中要多鼓励学生结合现实生活探究学习相关问题，将学生的高水平思维激发出来，培养学生的高级思维能力。很多学习任务与学习问题背后都隐含着丰富的知识与技能，学生在自主学习或合作学习中探索这些知识与技能，在探索中逐渐掌握并学会运用，有助于提高学生的探索能力。

6. 强调面向学习过程的质性评价

大学英语教学设计习惯上将简单的知识与技能作为评价学生学习成果的唯一标准，这在大学英语混合式教学设计中是不允许的。大学英语混合式教学强调在教学评价中应将师生在课程教学中的所有情况都考虑在内，强调在真实的评价情境下进行评价，主张凡是具有教育意义的过程与结果，都应该对其进行恰当的评价，不论其是否符合预定目标。此外，大学英语混合式教学评价还强调对学生学习能力的评价，但不是通过学习结果评价其学习能力，而是通过其在整个学习过程中的学习行为评价其学习能力的变化发展，最后做评估报告，将此作为改进教学与培育学生学习能力的依据。

四、大学英语混合式教学的实施

大学英语混合式教学大致分为以下三个阶段：

（一）课前阶段

在采用混合式教学模式展开教学时，教师在授课前要针对具体的教学内容和学生的学习情况选择切合的课程资源，并且结合实际情况设计能够培养学生自主学习能力的学习任务，以充分利用教材和网络课程资源。通过一些网络平台，教师可以将教材中所涉及的学习计划、学习目标、学习重点、学习难点、学习主题等相应的预习内容和学习任务等，及时发到学生手中，学生可根据任务的要求通过不同的方式，如个人独立思考、小组讨论等，有效地获取知识背景，高效地完成预习任务。在这一过程中，自主学习能力会相应地提高。在这一阶段，教师可以利用自主式的学习平台，充分实现师生间的互动，为学生提供有效的在线咨询，为学生答疑解惑，向学生提供有针对性的辅导和帮助，进而切实提高学生的自主探究精神和自主学习能力。

（二）课堂阶段

在课堂阶段，主要从如下几个步骤着手：

首先，教师根据学生对课前预习的完成情况进行检查和分析，重点指出相关问题。

其次，运用多媒体创设富有情境化的教学内容，进一步提出问题，引发学生积极思考，激发学生的探究意识。

再次，教师结合教学实际情况和单元主题，设计相应的学习任务，鼓励学生积极讨论，也可以通过情境对话、角色扮演等方式，激发学生参与的积极性，促使学生主动参与课堂教学活动。

最后，教师鼓励和引导学生进行总结与反思，可以让学生进行自评或学生间互评，进而总结学习内容，激发学生的学习动机和自主探究精神，巩固学习知识，同时提升协作互助意识和应用能力。①

（三）课后阶段

在课后阶段，教师可以通过混合式教学进一步补充相应的学习材料，有效拓宽学生的视野，加深学生对所学知识的理解和掌握程度。在课后，学生可以利用网络平台寻找相应的复习资料，进一步加深学习效果，增加练习的实践，扩大知识范围，更好地完成相应的学习任务。课后巩固延伸了课堂教学的空间，能够显著培养学生的自主学习能力，也能够为学生养成良好的终身学习习惯打好基础。

---

① 郑艳．浅析“互联网+”时代下的大学英语混合式教学模式［J］．教师，2019（2）：45-46.

第六章　教育信息化背景下大学英语教学改革路径探索

在教育信息化背景下，大学英语的学习和运用出现了很多新情况，因此需要对大学英语教学进行改革，探索适合教育信息化新背景下的改革路径。

第一节　做好大学英语信息化教学的软硬件建设

随着信息化时代的到来，信息技术不断推陈出新，信息化教学资源日臻丰富，智慧教室建设方兴未艾，为大学英语教学提供了广阔的舞台。实践证明，学科教学方法与教学资源硬软件有效融合，不仅极大地提高了课堂教学效率，有效地激发了学生的学习兴趣和认知主体的动机，唤起了学生学习的积极性和主动性，而且在学习过程中有助于学生形成新思想、新观念、新方法，增强了学生的创新意识，培养了学生的观察能力、思维能力和创新能力，较好地提高了教学质量。因此，在信息化教学中进行有效的教学资源软硬件建设已经成为学校教育发展不可缺少的重要内容。

一、建设大学英语教学智慧教室

（一）智慧教室概述

教室是一个教与学的物理场所，是学习环境的物化。信息技术的快速发展对教育领域产生了极大影响，新科技、新设备，如笔记本电脑、投影仪、计算机、电子白板等进入教学课堂中，构成了数字学习环境。智慧学习环境是在物联网、云计算、人机交互等新兴信息技术的飞速发展下，以及启发式教学、参与式教学探究式教学等新型教学模式的不断推广与深入下，由数字学习环境演变出的一种高端形态。智慧学习环境的物化是我们通常所说的智慧教室，这种教室是一种软硬件的融合，集传统多媒体教室功能和录播教室功能于一体，是一种融合了人机交互、智能感知、云端一体化教学平台等功能于一体的新型教室，具有信息化和开放性的特点。①

（二）国内智慧教室发展现状

国内大学智慧教室的设计理念包括六个方面：云端一体化、互动多样化、模式多元化、行为可视化、管控智能化、能耗绿色化。

1. 云端一体化

依托教育云基础环境，集成海量优质教学资源构件、智能学科辅助工具、在线学习社区以及第三方服务，实现课堂教学云端一体化。②

2. 互动多样化

提供多种形式的互动教学，包括远程互动课堂实现“面对面”互动教学，师生与教学设备的人机交互，课堂内师生和生生之间通过智能终端等设备进行视频、语音、图像和文字信息的互动等。

3. 模式多元化

智慧教室根据自身的优势向教师提供多元化的教学模式，以便让教师可以根据具体课程的不同需求有针对性地选择不同的教学模式。智慧教室提供的多元化的教学模式主要分为两类：一类是以教师为主导的、以“教”为主的新科授课模式；另一类是以学生为主的个性化的教学模式，这类模式包括常见的翻转课堂教学模式、混合式教学模式、探究式教学模式、情境教学模式等。

---

① 陈毅，胡国强．基于微信平台和智慧教室的混合学习模式探索［J］．高教论坛，2018（6）：81-85.

② 金智勇，张立龙．智慧教室“三位一体”模型构建及实践探索——以华中师范大学为例［J］．现代教育技术，2019，29（4）：75-81.

4. 行为可视化

智慧教室可以依据教育大数据分析功能，对大学生进行比较全面的评价，如可以对学生的综合表现（课堂表现和课后表现、线上表现和线下表现等）进行综合分析，自动生成一份可视化的分析报告，为教师更全面地对学生进行综合评价提供依据，也能为教师给学生制定个性化的学习指导提供依据。

5. 管控智能化

利用教室物联网对教室环境中的视听、计算、显示、交互、光线、温度等进行智能化管制。基于教育云平台，利用校园一卡通和电子课表，实现教学资源智能推送、数据自动收集、教室设备自动管控等服务。提供稳定、实用、适应性最佳的终端管理平台，提供远程维护、安全管理、行为管理等。

6. 能耗绿色化

充分体现绿色建筑的理念，使未来教室在满足教师和学生的功能需求的前提下，消耗最小的资源和能源，且对环境的影响最小。未来教室是根据教学模式变革与创新的需要，用先进的信息化教学装备取代现有的传统教学装备，实现双屏教学、交互式教学、课堂直录播等多种教学模式的创新，同时利用智能控制技术实现所有教学设备及教室环境设备的一键式本地或远程管理。

（三）智慧教室与大学英语信息化教学

在智慧教室的学习环境中，利用网络信息化、移动终端等技术手段，实现了教师与学生间的互动，实现了教育智能化，提高了学生的认识水平。大学英语教师要充分发挥“智慧教室”的信息化教学环境优势，通过信息技术为学生构建真实的学习场景，让学生在真实的学习场景中获得实践学习经验，以提高学生的学习兴趣，并能有效地促进知识的内化与应用。所以，在“智慧教室”基础上进行的大学英语教学，应充分发挥“智慧教室”的高科技优势，倡导和激励学生进行自主探索、讨论、分享，让他们在英语课堂上主动进行交流，促进学生创造性思考和探究能力的发展。

1. 基于不同智慧教室的信息化教学模式

从内容呈现（Showing）、资源获取（Accessible）、及时互动（Real-time Interactive）三个维度入手，可以把智慧教室分成“高清晰”型、“深体验”型和

“强交互”型三种类型。

（1）“高清晰”型智慧教室主要实行的是“传递—接受”式教学模式，通过双屏形式对教学内容进行合理展现，课堂中学生的座位基本是固定不变的，课堂中的交互以师生间的交流沟通为主。在“高清晰”型智慧教室中，学生能够及时获得并储存大量的教学资源，提高学生的学习积极性。大学英语教学中听说教学，尤其是视听说教学通过“高清晰”型智慧教室能更好地传递教学信息。

（2）“深体验”型智慧教室主要实行的是探究型教学模式，学生的座椅布置方式较为灵活，教学内容主要围绕学生的主体性进行，鼓励学生进行自主学习，针对问题进行深入探究。“深体验”型智慧教室允许各种终端的访问和进入，确保学生能够便捷地获得各类教学资源。同时，可以通过计算机或者移动终端反馈学生“个人探究”学习的相关信息，以此培养学生的探究和发现精神。在大学英语教学中，当英语教师开展写作训练或翻译训练时，“深体验”型智慧教室有助于支持大学生开展自主性的个人探究学习。

（3）“强交互”型智慧教室主要实行小组协作学习模式，将学生的座位布置成圆形，通过小组终端的形式对教学内容进行呈现。“强交互”型智慧教室可以让学生通过小组无线终端进行即时的讨论和交流，也可以实现小组性的交流创新。课堂上的互动行为主要体现在学生间，这是一种非常适宜以小组协作为主体的课堂教学方式，以此提高学生间的合作交流意识和创造性思维。在大学英语教学中，“强交互”型智慧教室有力地支持开展以小组为单位的讨论。

2. 智慧教室 ARS 互动教学模式

李红美和张剑平针对智慧教室中的交互教学特征，依据定性建模的思维方法，与一线教师共同开展了实践探索，建立了一种基于智慧教室的 ARS（Audience Response Systems，教学应答系统）互动教学模式，在教学活动设计中注重课前、课中、课后的一体化，并以问题驱动、引导、调节和评价作为教学策略，培养学生养成自主、合作、探究、自我评价等形式的学习方式。①

① 李红美，张剑平．面向智慧教室的 ARS 互动教学模式及其应用［J］．中国电化教育，2015（11）：103-109.

在大学英语教学实施的过程中，教师就可以充分运用智慧教室的教学应答系统来进行互动式的教学活动，ARS 互动教学。这种教学模式要求教师在前期准备阶段要对学生、教学内容、教学环境的要素进行综合分析，然后针对这些要素的分析结果，有针对性地设计和开发适合在智慧教室中展示的学习资源，再将整理好的对大学英语课程开展有帮助的学习资源上传到智慧教室的云平台中，以便供教学使用。[①] 需要说明的是，该阶段，教师首先要进入云平台，将提前设计、整理好的学习资源上传到云平台中，并制定相应的学习任务；学生登录云平台后便可以查看教师制定的任务，然后点击相应的学习资源进行有针对性的学习与思考，这一阶段的教学活动都是通过云平台完成的。在正式上课的时候，对提前准备好的教学资源进行播放，然后对新的课程内容进行讲解，并通过智慧系统对课堂教学过程进行录播，学生可以通过扫码的形式进入实时课堂进行同步观看和学习。录播的课程还可以上传到云平台，供学生在课下复习过程中反复进行观看。ARS 互动教学模式下，教师的教学节奏仍以传统课程的形式为主，但会通过游戏化的教学方式对学生进行点拨，并在课堂教学中设置一定的互动环节，依据教学内容设置相关的教学情境，让学生充分参与其中，提高学生的实践能力以及交流沟通能力，帮助学生内化知识，全面提高学生的学习兴趣以及实际解决问题的能力。

3. 基于智慧教室的混合式教学模式

该教学模式注重将线下和线上的资源结合起来使用，强调线下、线上一体，注重运用情境增强学习者的感受体验，通过游戏将学习趣味化，创造轻松愉悦的学习氛围。[②]

混合式教学的实施步骤我们在前面的章节中已经分析，这里不再赘述。

二、做好大学英语教学软硬件的生态融合

（一）相关理论解析

1. 生态系统

生态系统实际上是一种生态功能单位，指在一定的空间中，基于物质的循环

① 李红美，张剑平．面向智慧教室的 ARS 互动教学模式及其应用［J］．中国电化教育，2015（11）：103-109.

② 田丽娜．基于智慧教室的混合式教学设计研究［D］．天津大学硕士学位论文，2019.

和能量的流动实现物质成分和非物质成分间的相互作用和依存。系统概念的提出主要是对各要素间的相互关系进行描述。其中，一个系统实际可以看作多个组成部分，这些部分通过一定的关系构成一个统一的整体。对于系统研究来说，各成分间的功能关系是其研究的重点。

2. 生态因子

生态因子指会直接或间接地影响生物的生长、发育、生殖、行为和分布的环境因素。所有生物的生存环境中，生态因子都是不可缺少的一部分，这些生态因子无论是在性质、特性还是强度方面，都有一定的差异。生态因子之间既相互制约，又相互结合，并最终形成了多种多样的生物生存环境。①

3. 生态平衡

生态平衡指当一个生态系统达到某一程度时，在一定时间内该生态系统中的生产者、消费者、分解者和非生物环境间，通过能量流动、物质循环和信息传递，会维持一个比较稳定的能量和物质的输入和输出的动态平衡。应注意的是，生态平衡是一个动态的过程，这种平衡状态只是暂时的，不是永久的。生态系统从不平衡到平衡，循环往复，这是生态系统的一条重要法则。换言之，维持生态平衡，并不是维持生态系统固定不变。变化是万事万物最基本的特性，生态平衡并非一成不变，而是随着某个环节的改变而产生失衡的现象。

（二）生态学理论对大学英语信息化教学软硬件建设的启示

1. 充分重视各生态因子的作用

生态学认为，任何一种生物的生存环境中都存在着很多不可或缺的生态因子，这些性质、特性和强度各不相同的生态因子间彼此制约、相互组合。

大学英语的信息化教学软硬件建设涉及智慧教室、电脑软硬件、微课、慕课即时通信软件、学习 APP、网络等，构成了一个生态系统。各个生态因子在这个系统内流动，是这个系统内不可缺少的部分。虽然主导生态因子与非主导生态因子在系统中所发挥的作用不能等同，但任何一个生态因子都具有其他因子不可替代的作用和功能。因此，各生态因子的功能和作用都要重视，不可偏废。例如，

① 王静．我国高校外语教育信息化政策发展研究［D］．上海外国语大学硕士学位论文，2018.

智慧教室在建成投入使用后，仍要保持对它的重视，及时维护设备、及时更新软件。保持智慧教室的良好功能有助于信息化教学的顺利开展，因为各生态因子间彼此制约、相互组合。

2. 保持系统整体开放性和交互性

生态理论指出，大多数的系统都是开放性系统。开放系统作为具有开放性和交互性的系统，能实现循环动态平衡，因此可以促进系统自身的新陈代谢。

大学英语的信息化教学软硬件是个生态系统，着眼于可持续发展，应保持开放性。例如，对于学习软件，应从提升教学效能的角度出发，及时升级或更换。对于微课作品也应持同样的观点，即发现同一主题或内容的微课有更好的作品面世，就应考虑用新的作品取代旧的作品，系统内部要保持有进有出，能实现新陈代谢。同时，本系统应充分促进各生态因子间的互动，如智慧教室的智慧黑板与学习软件间的互动，两者的互动可以生成新的教学模式，可以拓展大学英语教学的新思路、新方法。各个因子之间进行推动，促进整个系统的发展，即各种组成部分多元共存、和谐共生，即信息化教学的有序、有效发展。

3. 促进系统内的协同有序发展

生态学认为，在一个具有众多自由度的复杂体系中，不稳定的自由度会将稳定的自由度拖曳至某个特定位置，从而使该系统处于一种稳定状态，而实现这种稳定状态的驱动力就是机体的系统功能。这也是一个复杂体系由无序走向有序的过程。虽然系统的种类不尽相同，但它们之间存在着相互作用、相互协作的关系。

大学英语信息化教学资源的整合体现了系统的协同性。大学英语信息化教学资源的整合受到教师信息素养、信息技术、硬件等诸多因子的影响甚至制约。整合资源会给系统造成不稳定，如不能如期完成，或没有取得预期的效果，此时相关因子之间的协同变得尤为重要。例如：对于相关新技术的采用和推广不要操之过急，不要违背客观规律；在充分利用外界资源的基础上，提高本校英语教师的教学技能和专业水平；大学英语教学资源整合可采取先点后面、先易后难、边改进边完善的方式，由小范围试点开始，逐步积累成熟的经验，逐步进行推广。①

① 郝昕．地方本科院校大学英语教学资源整合机制探析［J］．教育与职业，2014（12）：129-131.

第二节　开展信息技术与大学英语课程整合

在信息化社会，信息资本决定社会生产关系变化，人们需要不断获取支撑自己生存发展的信息资本，而英语是人们获取各类信息资本的工具之一，掌握一门乃至多门外语以准确获取知识信息正成为当代人的需要。人们希望更加便捷地学习英语，于是大量共享开放网络英语学习资源和“慕课”等在线课堂应运而生，适用于所有学习人群包括在校学生。21 世纪的英语教育形式正在转向“无所不在”、“随时随地”和个性化的泛在学习，英语教育的信息化革命已经悄然来临。

在教育信息化急速发展的背景下，丰富的资源为我国大学英语课堂教学提供了改革的途径，其中一项重要的途径是信息技术与大学英语课程的整合。

一、信息技术与大学英语课程整合的含义和影响

信息技术与大学英语课程的整合是在大学英语教学中有效地引入信息技术，将信息技术有机地运用在大学英语课程教学中，使之成为一种教学手段，体现在大学英语课堂体系的教学过程中，改变传统的教学模式，是大学英语课堂教学模式的革新与进步。

信息技术与大学英语课程的整合带来了很多有利的影响，如信息技术与大学英语课程的整合改变了传统的以分数来衡量学生学习成效的标准，更加注重教学观念的转变，优化了课堂教学氛围，完善了大学英语课程评价渠道；通过现代信息技术和互联网手段，将信息技术与大学英语课程进行有效整合后，可以构建深受广大学生喜爱的大学英语学习的网络平台，不但丰富了教学内容，使教学工作变得更加方便迅捷，而且拓宽了学生学习英语渠道和获取英语资源的方式，使学生的学习积极性和创造性得到了很大程度的提高。[①] 除此之外，现代信息技术与

① 宋丽．网络信息化大学英语教学模式探讨［J］．湖北师范大学学报（哲学社会科学版），2017，37（1）：124-126.

大学英语课程的整合也激发了学生的学习兴趣，活跃了课堂氛围，促进了学生自主学习的动力。

二、信息技术与大学英语课程整合的层级

（一）基础层级的整合

这一层级整合最明显的特征是将现代化的高科技产品积极地运用在大学英语课堂教学中。在这一层级的整合中，我们可以很明显地发现，传统教学模式中经常使用的粉笔已经被现代化的电脑和投影仪所代替。教师通过运用这些现代化的科技产品，将课堂所需的教学内容展示得更加丰富，如可以通过与多媒体展示和英语教学课程相关的图文，使学生的学习更加多彩，更吸引学生的学习兴趣，让英语的学习变得更加简单、有趣，这样做可活跃课堂氛围，有效提高教学效果。信息技术在这一层级更多地表现为一种教学工具。

（二）更高层级的整合

在这一层级中，现代化的信息技术和大学英语课程进行了更全面、更立体的融合。现代信息化技术除用来展示课堂教学所需的课件、图文等教学资源外，还可以用来进行课堂讨论、问答、情境创设、小组交流、多元化教学评价等教学活动。除此之外，教师可以运用现代信息技术将经典歌曲、名人演讲、著名影片片段等内容与大学英语课堂教学相结合，激励学生多从身边做起，认真学习英语知识。通过分析可以看到，在层级中，信息技术与大学英语课程的结合不仅仅是单纯地将知识传授给学生，而是让学生更好地了解语言中所蕴含的文化，让他们能够更好地理解语言所传达的文化信息。信息技术在这一层级更多地表现为一种教学手段。

三、信息技术与大学英语课程整合的关键环节

（一）灵活运用现代信息技术

在大学英语教学中用到的信息技术有很多，新时代的大学英语教师要充分利用信息化教学设备，如可以使用一定的技术手段制作一个虚拟的大学英语教学所需的外部语言环境，也可以运用信息技术让学生感受以英语为母语的国家有着怎

样的风土人情和文化底蕴，大大地激发学生的学习热情，加强学生在文化差异下更好的英语交流和运用能力。但需要强调的是，大学英语教师在运用现代化信息技术时，必须兼顾到学生，灵活运用技术，充分发挥信息化技术对图形、文字、声音、视频等方面的综合集成能力，让信息技术更加完美地融合到大学英语课堂教学的过程中，从而达到提升大学英语课堂教学效果的目的。①

（二）深入了解学生的学习状况

在不同的学习阶段，学生的实际学习状况各不相同，因此，大学英语教师在设计信息化教学内容时，要结合不同学生的学习阶段，综合考虑，选择最恰当的教学资源，采用相应的教学策略。在初级英语的学习阶段，学生能够较好地接受图像与音乐等信息，但到了中级英语学习阶段，随着学生对英语知识和英语语言文化掌握水平的不断提高，他们会对视听形式的英语学习更加感兴趣。在大学英语课程的教学过程中，教师要根据学生学习的这一特点，逐渐地将信息技术融入大学英语课程教学中，如可以从最基本的词汇、语音入手，然后进行基本的语法知识教学；从最基本的日常会话到特定行业的职业英语；从简单的英语问答到复杂的语言解析；从英语的阅读到将其应用于写作；等等。②

（三）全面搭建信息化下的大学英语教学环境

在现代化信息技术的支持下，很多高校都构建了大学生自主学习的平台，这类平台主要由课程体系、考试体系和管理体系三部分组成。这类平台的出现是高校实施“线上+线下”教学模式的最好体现。这类教学平台的出现要求大学英语教师必须重新整合已有的英语课程和英语教材，将教学内容进行信息化处理，以文字、图片、视频、音频、动画等多媒体形式开展与学生的互动学习和个性化教学。同时，教师要善于利用现代化的社会软件，如论坛、微博、微信、QQ 群等，为学生的课外学习增添了一个新的学习空间。③

---

① 霍丽蓉．信息技术与大学英语课程整合的探索［J］．校园英语，2018（35）：23.

② 李丹．现代信息技术与大学英语教学整合探析［J］．大连教育学院学报，2017，33（2）：51-53.

③ 张宁．计算机网络技术与大学英语课程整合的模式研究［J］．外语电化教学，2008（6）：28-32.

第三节　加强大学英语学习资源库建设

一、大学英语学习资源库的内涵

学习资源作为课堂教学活动的有效推动物质，是学习发生的关键媒介，是学生学习的主要对象，是满足学生学习需要的重要元素。

大学英语学习资源是从大学生的角度界定的，指在各种互联网终端上，为满足大学生英语学习需要而设置的一种学习资源，包括课外读物、网上学习资源、英文视频资源、考试辅导资源、课程资源等。①

大学英语学习资源库是一个根据大学生英语学习目标，依据一定结构，以英语听力、阅读、写作、文化、考试等为主要内容，满足大多数学生学习需求的资源信息平台。

二、大学英语学习资源库建设的现状

就现状而言，我国大学英语学习资源虽然取得了一定成就，但不可避免地存在很多不足之处，具体来说，主要表现为以下几点：

（一）资源库优质资源匮乏

在国家政策的指引下，各地高校逐渐增加了对英语课程和专业资源的投资。相应地，英语教学资源。无论从数量还是从形式上看，都呈现出多元化的发展趋势。但是，因为缺乏相应的标准和规范，高校教师往往只是根据自身的专业和兴趣来构建校本学习资源，缺乏与同行的探讨，也没有学生的参与，更没有与校外的企业开展协作探讨。因此，目前的大学英语教学资源库大多是由高校自行建设，是对原有网络学习资源的整合。其中，既有与学生专业密切联系的优质英语

① 雷志斌，雷琬瑢．“互联网+”视域下高校英语学习资源库建设研究［J］．校园英语，2023（21）：7-9.

学习资源，也有侧重于教材内容、资源形式单一等问题。此外，学习资源库的建设应不断充实和完善，但现有的很多资源库存在着更新缓慢、内容陈旧、质量不高等问题。

（二）资源库资源利用率不高

随着教育信息化的发展，大学英语资源库的建立为大学英语课程资源的投放、存储和共享提供了坚实的物质基础和技术保证。但是，大学英语教师在教学中的时间、精力都是有限的，难以及时地对英语学习资源进行更新，有些甚至几年都没有更新过，导致英语学习资源与学生的实际需求间存在一定差距。此外，有些高校在进行英语教学改革时存在着认识上的偏差，对英语学习资源库的构建缺乏整体性和系统性，英语学习资源出现了同质化的情况。基于上述原因，我国很多大学英语学习资源存在质量不佳、趣味性不强、实用性不强等缺点，使得学生对英语学习资源的利用程度较低。

（三）资源库建设制度不完善

大学英语学习资源库的建设，是贯彻我国教育信息化战略，推动网络技术在大学英语教学中的有效运用，充实大学英语教学内容、革新大学英语教学方式、提高英语教学效率的重要渠道。当前，对于大学英语学习资源库的建设，高校没有制定出具体制度，在资源库的建设中没有起到有效的引导和组织作用。有的高校在资源库建设上缺乏长效机制，忽视了后期的维护问题，导致资源库的建设中出现了许多短期化现象，造成了资金与资源的浪费。除此之外，目前我国大学英语学习资源库建设缺乏统一的整体规划，使得资源库建设缺乏系统性和标准化，导致资源库的质量良莠不齐，无法有效满足学生的需要。

三、大学英语学习资源库建设的原则

（1）教学性原则。大学英语学习资源库的建立，不仅要满足教与学的需求，还要有助于解决各种问题，包括大学英语教学的重点、难点、关键内容等问题。在安排学习进度、呈现大学英语知识时，不可忽视教与学的原理，应对其做出充分的考虑。

（2）科学性原则。大学英语学习资源库作为大学生学习英语知识的重要资源，所反映的内容必须正确，目标必须明确。

（3）开放性原则。对于大学生来说，大学英语学习资源库是学习的重要渠道和关键依据，资源库中应该尽可能包含教师和学生参与、发表的英语作品，并向全部师生开放。

（4）通用性原则。大学英语学习资源库中应该有前沿的信息技术、数字化技术和资源设计思想。在一定的技术标准规范下，大学英语学习资源库应满足不同学生的学习需求和学习形式。

（5）层次性原则。应该将大学英语学习资源库中的学习资源进行模块化管理，以便学生自主选择自己所需的学习资源，满足知识水平各不相同的学生需求，将大学英语学习资源库的潜能最大限度地发挥出来。

（6）经济性原则。在对大学英语学习资源库进行建设与开发的时候，我们要对其经济性进行考虑，尽量得到投入少、质量高的大学英语资源库。除此之外，要加大力度改造现有英语资源的信息化和数字化程度，减少重复建设造成的浪费。

四、构建大学英语学习资源库的对策

（一）重视大学英语学习资源库的建设

为了更好地开展大学英语学习资源库的建设，必须提高教师对资源库的认识和重视程度。在充分认识到大学英语教学资源库对学生英语学习的重要作用后，教师才能主动参与到建设学习资源库中去，利用网络信息技术，对各种教学资源进行挖掘、集成，建立高效的学习资源运作方式，促进大学英语教学资源库的建设和完善。①

在此基础上，应加大对大学英语教学资源库的支持力度，并在政策和资金上给予相应扶持。高校应该以“大学英语资源库”建设为主要内容，以促进英语教师在网络环境下进行高质量的资源建设。对于大学而言，建立一套行之有效的英语学习资源系统，对改善学生的英语学习环境、推进英语课程的教学、提升学生的英语素养具有十分重要的作用。

---

① 雷志斌，雷琬瑢．“互联网+”视域下高校英语学习资源库建设研究［J］．校园英语，2023（21）：7-9.

（二）对大学生的学习需求进行调研

建立大学英语学习资源库需要使用者的积极参与。单纯地依赖大学英语教师对学生进行英语教学，不仅会造成教学资源的浪费，而且使得教学效率无法提升。在当前阶段，大学生都是成长于网络时代的人，十分熟悉教育信息技术所带给他们的新奇与便捷。因此，在构建大学英语学习资源库前，教师应首先了解学生的学习需求，包括学习资源的内容、形式和水平，了解他们的学习目的、学习行为和学习倾向，同时分析各类型大学英语教学资源的特点。由于学生的专业、外语程度、目标等因素的差异，他们对英语学习资源的需求各不相同。在网络教育蓬勃发展的今天，各种教育平台、学习平台层出不穷。高校鼓励教师使用多个平台，因为学生对于各种教学平台的熟悉度、偏好度等因素都会影响英语的学习水平。所以，如果事先调查了学生的英语学习需求，以及对平台的偏好，就可以更好地发挥学习资源的作用。同时，通过对学生进行需求调研，充分发挥学生在学习资源收集过程中的主动性，可以增强学生的参与度和积极性。

（三）加强资源库建设的组织与管理

资源库是一项系统工程，关系到方方面面。为此，必须在英语学习资源建设的过程中，加强对资源库建设的组织与管理。

首先，要加强与学校各职能部门的协作，形成合力。在建立资源库方面，信息技术部门拥有较强的技术实力；教务处拥有整体规划的优势；英语教师在收集和整合英语学习资源方面有着得天独厚的条件。为此，高校要对各方进行协调统筹，建立起以学校为单位、以教研室为中心、以学校英语老师为主体、以信息技术为主要力量的高质量大学英语学习资源库。

其次，在建设大学英语学习资源库的过程中，必须有一支专业的管理和维护团队来保证资源库的顺利运行。建立了英语资源库后，不能让它自生自灭，而是要有一支稳定的队伍来负责日常管理和维护，不断收集使用意见，持续对资源进行更新，以此促进学习资源库的长久发展。

总之，大学英语学习资源作为大学英语教学中的一个重要因素，其丰富程度和使用情况直接影响到大学英语的教学效果。因此，在教育信息化背景下，构建大学英语学习资源库，不仅对大学英语教学改革具有重要意义，而且对大学英语学习方式的改革也具有重要意义。现阶段，高校应将构建大学英语学习资源库重视起来，立足于本校大学生的具体需求，努力构建一个管理完善、优质高效、资源丰富的大学英语学习资源平台，以便更好地进行大学英语教学改革与教学模式的转型，促进大学英语教育观念与模式的改革与创新，培养适应国家战略与社会需求的高素质英语人才。

第四节 重视大学英语教师现代化教学能力的提升

随着教育信息化的不断深入，大学英语教学对教师的专业能力提出了更高层次的要求，如何实现教师的专业化逐渐受到了人们的关注。下面探究教育信息化背景下大学英语教师现代化教学能力提升。

一、大学英语教师要协调好信息技术与传统教育之间的关系

在当前的高校教学改革中，信息技术在其中扮演着重要的角色，是教育改革的技术支撑。在新时代，对大学英语教师的专业发展来说，要正确理解传统教学方法和信息技术应用的区别及联系，并加以有效地利用，使教学内容和模式得到进一步的充实和扩展，从而实现教学水平的提升。

在教学模式、教学方法和教学内容等方面，传统教学与信息技术教学存在较大差异。传统的教学方式是以教师、黑板、课本和学生等为主要内容的讲授式教学，课堂活动是以教师为中心。在这种教学模式中，学生基本处于被动接受的地位，其个人差异性不能得到很好发挥。信息化教学模式是以网络、计算机、教学软件和音频等多种新技术为主要手段，实现多层次、多角度的立体教学方式。以学生为主体的课堂活动，使得教师必须同时扮演课堂的设计者、组织者、引导者三种角色，以在充分发挥教师的主导作用的同时，发挥信息技术的功能和优势，从而使学生的个体差异得到充分尊重。此外，信息化教学创造了全新的教学环境，教学效果得到了提高。在信息化教学环境中，教师对黑板和粉笔的运用越来

越少，更多地采用PPT、电子邮件、视频等工具来进行教学，并且当前很多高校也建立了自主学习平台。[①] 总之，现代信息技术手段的使用突破了固定教学场地的限制，把学生从传统的教室里带到了一个无限的学习空间中，在这里，学生的学习不再受到时间和空间的限制。

传统教学与信息化教学是一种相互联系、相互作用的关系。在信息化背景下，教师应进行教育理念的更新和教学方式的改革。信息技术以其独特、先进和高效的特点在世界范围内得到了广泛应用。在教学内容、教学方式和教学手段的使用上，要以教学目标为依据，为教学目标的实现提供服务。在教学过程中，教师、学生以及教学内容、手段间应该实现相互联系和协调，对信息技术的使用应包含在教学内容中。信息技术和传统的教育技术间应是相互补充、相互监督的关系，避免过分依靠某一种技术的情况出现，避免由于信息技术的不当使用而阻碍了教师的专业化发展。比如，有些教师在上课的时候过分追求视觉的新奇和娱乐，在课件中加入了很多照片、录像，使得学生上课分心，不能把所有的教学内容都在规定的时间内展示出来，从而影响了教学效果。所以，在实际的教学过程中，必须先对教学内容进行深入研究，然后根据实际情况，合理地运用信息技术，从而使信息技术能够更好地辅助教学，实现课堂教学效果的最优化。

二、提高大学英语教师的专业意识

要想提高大学英语教师的专业意识，首先要掌握一定的方式、方法和策略，这是信息化教学能力培养的重要方面。具体来说，可以从以下几方面入手：

（一）进行职前和在职培养

大学英语教师信息化教学能力的发展是一个系统过程，进行职前与在职培训是大学英语教师信息化教学能力发展的重要促进环节，两者紧密结合。通过职前培训，可以使大学英语教师系统掌握信息化教学技术的知识和能力，为下一步教师在英语教学过程中运用大数据打下坚实基础。通过在职培训，可以让大学英语教师及时学习最新的信息化教学技术，并可以与更多的教师进行沟通和交流，从

① 王桂荣.新教育技术条件下英语教师专业化发展的思考［J］.未来与发展，2012，35（3）：79-81+58.

而提高自己的信息化教学能力。

（二）传统方式与网络方式相结合

在当今大学英语教学中，利用信息化技术进行教学时，也不要忽略了传统的教学方式，要将传统的教学方式与网络方式结合起来，教师在教学过程中要与学生进行面对面的交流，不断提高自己的信息化教学能力。随着大数据的不断发展，人们获取信息资源的渠道逐渐多元化，无论是知识的获取，还是教学经验的分享等都可以通过网络获取。因此，将传统方式和网络方式结合起来能极大地提高英语教师的教学能力，从而促进大学英语教学质量的提升。①

（三）自主学习与合作交流相结合

在教育信息化全面发展的环境下，大学英语教师要想具备一定的信息化教学能力，需要通过不断的学习来提高，以适应不断发展和变化的学校教育。在平时的工作中，大学英语教师可以通过自主学习掌握基本的信息化技术手段，与其他的大学英语教师进行沟通及合作，多参加一些与信息化教学有关的研讨课等，逐步提升自己的信息化教学能力。在面对面协作交流的过程中，要注重提高虚拟的、跨时空的协作交流能力。这对于大学英语教师掌握信息化技术，提高大学英语教学水平具有非常大的帮助。

（四）技术知识与实践应用相结合

信息化技术知识与能力是大学英语教师通过培训或是自学得到的，但需要注意的是，只掌握信息化技术知识还远远不够，还要具备一定的技术知识与实践应用相结合的能力。通过大数据的培训，大学英语教师可以在学习中体验和模仿，强化对大数据知识的实践应用。只有将技术知识与实践应用充分结合起来才能实现既定的学习目标。

信息化教学的技术手段有很多，作为一名大学英语教师，一定要学习和掌握基本的教学技术软件，尤其是对于一些年龄较大，不易接受新鲜事物的大学英语教师而言。在平时的信息化教学中，PPT 演示文稿、多媒体教学软件等都是最为常用的技术，大学英语教师还要利用计算机收集和掌握一些教学素材，不断提高

① 刘英爽，鲁硕，程颖．“互联网+”背景下英语教师专业发展研究［M］．北京：中国商务出版社，2019：122.

自己的多媒体技术能力，从而提高自己的信息化教学能力。

随着现代信息化技术的不断发展，网络上出现了各种培训课程，其中有关网络技术的培训课程也相当多，这部分课程既有免费的也有付费的，通常都有着较强的专业性。作为一名大学英语教师，尤其是信息化技术教学水平较差的教师，可以多参加一些网络技术课程的学习，从而提升自己的信息化教学能力。

三、提升大学英语教师的信息化素养

（一）教师信息化教学能力的知识结构

在信息时代，教师必须具备相应的知识结构和能力素质，才能顺利开展教育工作。对于教师信息素养所要求的知识能力结构，学者有不同的看法，是一个值得进一步探索的问题。近年来，有关教师信息技术能力、教育技术能力和教师的信息素养等方面的研究较为集中，但对教师信息化教学能力的知识结构研究相对较少。

2006 年，米什拉（Mishra）和科勒（Koehler）两位教授联合发表了一篇文章——《技术教学内容知识：教师知识的一种全新框架》，其中清楚地表明，在现代教育技术环境下，教师应该掌握哪些知识，也就是所谓的“技术—教学法—内容知识（TPACK）”框架，这是一种以技术为基础的学科教育法知识体系研究，如图 6-1 所示。

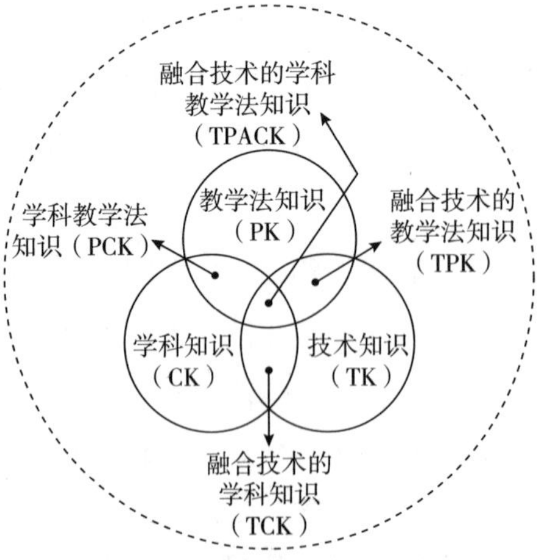

图 6-1 “技术—教学法—内容知识”框架

从图 6-1 可以清晰地看出，在 TPACK 框架中，三种基本的知识要素是：内容知识（Content Knowledge，CK）、教学法知识（Pedagogical Knowledge，PK）、技术知识（Technoloical Knowledge，TK）。三种基本知识要素相互结合，形成了四种综合性的知识：内容教学法知识（Pedagogical Content Knowledge，PCK）、融合技术的内容知识（Technological Content Knowledge，TCK）、融合技术的教学法知识（Technological Pedagogical Knowledge，TPK）、融合技术的内容教学法知识（Technological Pedagogical Content Knowledge，TPACK）。米什拉和科勒关于 TPACK 的教师知识内容研究，有助于探讨教师信息化教学能力应具有的知识结构。① 借鉴 TPACK 的研究成果，我们提出了教师信息化教学能力的知识结构框架，如图 6-2 所示。

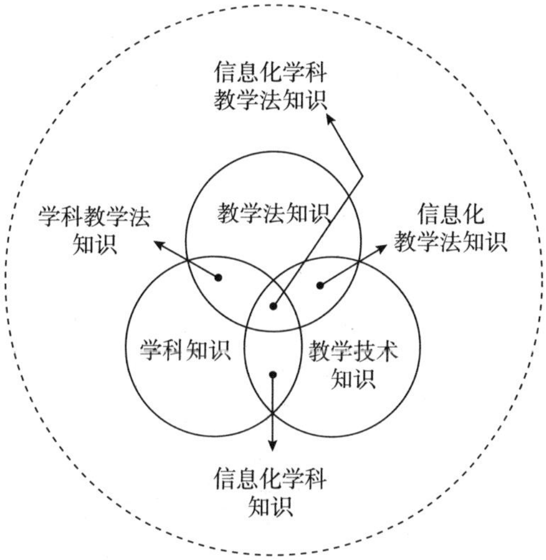

图 6-2 教师信息化教学能力的知识结构框架

在教育信息化背景下，教师的教学能力的知识结构带有明显的层次性，教师信息化教学能力三个层次知识间的关系，如图 6-3 所示。

---

① 王卫军．教师信息化教学能力发展研究［D］．西北师范大学硕士学位论文，2010.

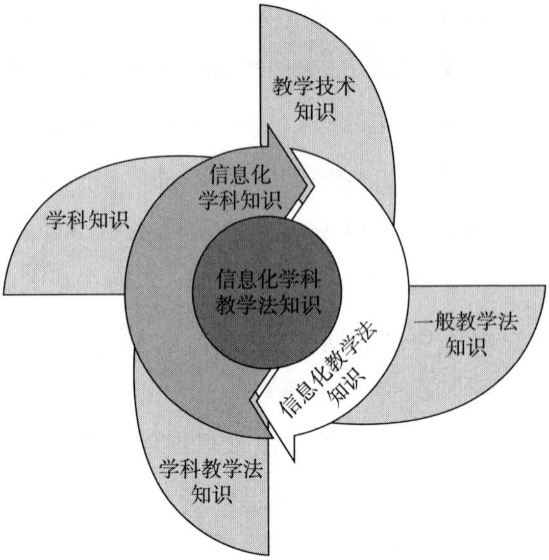

图 6-3　教师信息化教学能力的知识层次关系

教师信息化教学能力的知识核心，包括教学技术知识、信息化学科知识、信息化教学法知识以及信息化学科教学法知识四个方面，如图 6-4 所示。

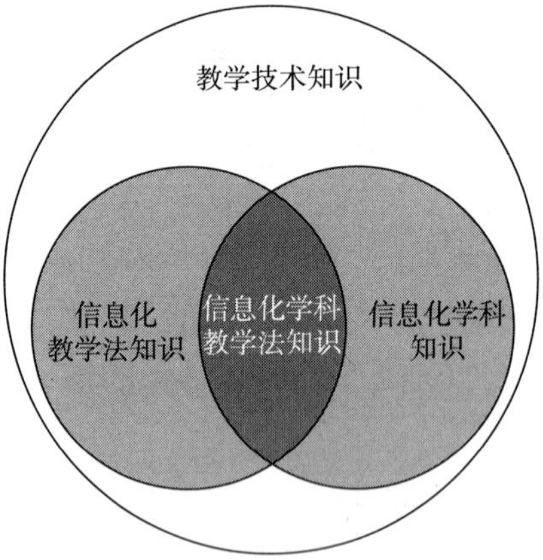

图 6-4　教师信息化教学能力的知识核心

（二）教师信息化教学能力的结构

本书对相关学者对教育信息化背景下的教师能力结构进行了大量研究，并将其与教师信息化教学能力的构成相联系，在对信息化社会下的教师教学能力结构进行讨论的基础上，将其划分为六种能力：信息化教学迁移能力、信息化教学融合能力、信息化教学交往能力、信息化教学评价能力、信息化教学协作能力、促进学生信息化学习能力，具体如图 6-5 所示。

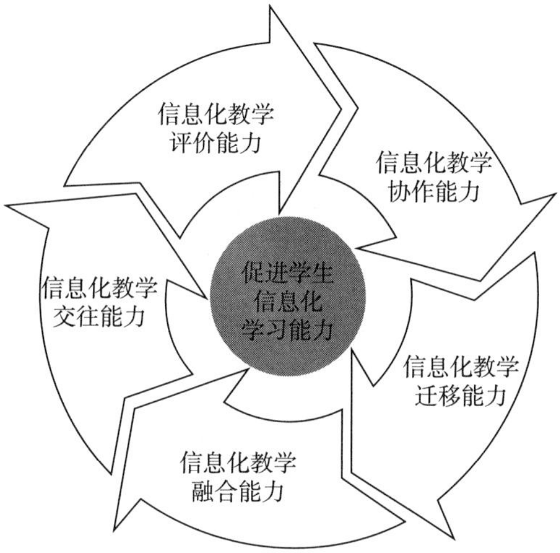

图 6-5 教师信息化教学能力关系结构

（三）大学英语教师信息化素养的提升策略

1. 培养教师信息意识和信息观念

党中央明确提出，教师要主动适应新科技的变化，如信息化、人工智能等，要高效地进行教育教学活动，并在此基础上进一步提高教师的信息化素养。在这种形势下，一方面，高校要积极响应国家提出的信息化战略，根据自身的特点，制定出一套适合自己的信息化发展战略，以应对教育信息化所带来的挑战与机遇。与此同时，要对各个学科的发展趋势，以及信息化对学科发展所带来的正反两方面进行全面的把握，组织有关专家，根据学科的特点，制订出一套适合本学科的信息化发展规划，改变传统的教学理念和教学方式。另一方面，教师应增强自己对信息技术的运用能力，定期利用计算机进行阅读、写作、教学和处理日常工作中的事务，培养自身的信息化素养。通过官网、微信、微博、在线教育等网络资源平台，使英语老师能够及时掌握当前大学生的就业动态以及英语人才需求，有针对性地进行英语教学改革。大学英语教师应通过制作微课、翻转课堂等教学手段，来有效服务大学英语教学，使其能够在课堂上灵活运用英语信息资源。

2. 提高教师信息获取、加工、应用能力

以“互联网+”为依托的信息化教学方式，是新时代教师必须具备的基本素养，而信息技术的普及更是推动了“智慧教室”“智慧校园”建设的发展。与此同时，随着互联网的快速发展，英语教育资源的数量也在迅速增加。大学教师肩负着将核心素养落到实处的重任，因此，他们必须对自身的信息技术知识进行不断的改进、充实和拓宽，以此全面提升自身的信息素养。大学英语教师获取教学资源和教学信息的渠道除网络引擎（如百度等），还包括但不限于英语教育网站、社会软件（微信、微博、网络直播平台等）、专业数据库（“知网”“万方”“维普”等）、英语教学讲座等渠道。此外，大学英语教师还应积极地拓展自己获取英语知识的新途径，拓展自己的知识面，建立并完善教师个人的英语信息资源数据库。

信息化时代的一个重要特征是信息大爆炸，如何在数量庞大的英语教学信息中挑选有效信息，并对获取到的信息进行加工、融合，是现阶段大学英语教师面临的一大挑战。这需要大学英语教师具有较高水准的判断力，提高对信息的鉴别、筛选、归类和整理能力，以便能使自己在海量的大学英语教育信息中获取并整理出有效信息。除此之外，大学英语教师还需要提高自己的软件运用能力，保证自己能熟练地使用专门的英语教学软件对这些信息进行及时的加工和制作，如制作课件的 PPT、录屏软件，教学设计的思维导图、电子备课系统，视频动画处理的会声会影、格式工厂等，为提高大学英语教学水平奠定坚实的基础。

在对大学英语教学信息的应用方面，大学英语教师的信息化素养主要体现在其信息化教学能力上，大学英语教师要把传统的教学内容与多种信息资源进行有效的整合，并针对英语学科的发展趋势，利用先进的教学设备和现代化的信息技术手段对大学英语的教学方法进行改革，从而提升课堂教学效果，提高教学质量。大学英语教师应与时俱进，积极主动地学习英语教学新理念、新信息技术手段，并在英语课堂上进行创造性的运用，能使大学英语教学真正走向信息化。

（四）加强教师信息技术能力的培训

在不断深化的教育改革中，教师对教育改革的促进作用不可忽视，同时，教师也是促进教育信息化可持续发展的主要力量。在教育信息化不断发展的今天，作为大学英语教师，为了更好地实施高质量的、深受学生喜爱的大学英语教学，应注重把信息技术和大学英语教学紧密地结合起来，用教育信息化引导大学英语教学现代化。为了帮助大学英语教师能够熟练地运用教育信息化技术，高校需要加强对大学英语教师进行全面的信息素养培训，把大学英语教师的培训工作与大学英语教师的信息素养评价有机地结合起来，通过“以评促学”的方式，建立起新时代教师信息素养培训的长效机制，促进大学英语教师充分利用学校的英语教学资源，为促进大学英语教师信息技术能力全面、可持续发展奠定基础保障。除此之外，高校还可以通过座谈会、研讨会等方式，充分了解大学英语师资的教学需求，把集中培训和网络信息培训有机地结合起来，定期邀请英语教学经验丰富的专家和一线老师来校交流，在相互讨论、学习的过程中，使教师可以持续不断地学习前沿的大学英语教学理念，掌握先进的大学英语教学信息化技术，从而提升自身运用信息化技术进行大学英语教学的能力和水平。高校要及时对教学成绩突出、教学方法新颖、教学效果显著的大学英语教师予以表彰、通报表扬，以激发他们学习的积极性，创造积极主动的教学氛围。同时，高校还可以通过举办各种形式的英语教学比赛，加强理论联系实际的能力，提高英语教师的实际运用能力，全面提升大学英语教师的信息化素养。

第七章 教育信息化背景下大学英语教学评价改革与创新

第一节 教学评价的基础内容分析

一、教学评价的界定

很多人一提到评价，就将其与评估、测试等同起来，其实三者有一定的区别与联系。简单来说，测试为评估与评价提供依据，评估为评价提供数据，评价是对教与学效果的整体评估。三者的关系如图 7-1 所示。

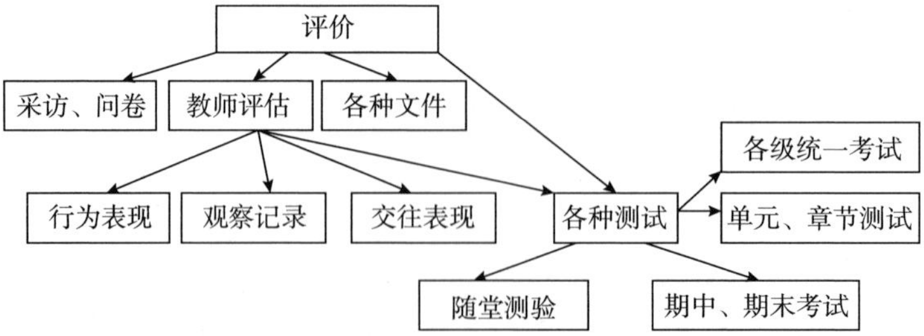

图 7-1 评价、评估与测试的关系

由图 7-1 可知，三者有着紧密的联系，又有着明显的区别。就关系层面来说，三者体现了一种包含与层级的关系。测试充当其他两者的支撑信息。在包含与层级关系的同时，三者又存在明显的区别，具体表现为三个层面。

（1）三者的目标不同。就某一程度来说，测试主要是为了满足家长、学校的需要，因为他们需要知道自己的孩子或学生的情况，且与其他学校是否存在差距。当今社会仍旧以应试为主，因此测试为家长、学校提供了很多信息，也是家长、学校关心的事情。评估主要是为教师、学生提供依据，如学习效果、学习中遇到的问题等，有助于教师提高教学质量，也有助于学生提高自身的学习效率。评价有助于行政部门制定政策，对教学进行合理配置。可见，三者的作用不同，导致开展的范围与采用的方式也有明显的不同。

（2）三者的数据信息不同。测试所收集的数据一般是学生的试卷信息，反映的是学生的语言水平。评估可以划分为终结性评估与形成性评估两大类，前者依据的是测试，后者依据的是教与学的过程，注重学生对任务的完成、概念的理解等层面。当然，其依据更多的是定性分析，而不是定量分析。评价所依据的信息多为问卷、访谈、测试、教师评估等，是定量分析与定性分析的结合，是一种综合性评估。

（3）三者的展示方式不同。测试的展示方式往往是考试，这在前面已经有所论述，最终结果可通过分数排序展现出来。相比之下，评估与评价往往以鉴定描述或等级划分的方式展现出来。

总之，评价在人们的社会活动中广泛存在。就大学英语教与学来说，评价指学生能否拥有某项能力、学生能否实现课程目标、教师的教学能否帮助学生实现既定目标的一种判断手段。

二、教学评价的理念

随着教学评价研究的进展，当前的学习评价在理论和方法上都已呈现出多元化的趋势。各种学习评价新理念，如发展性评价、真实性评价、多元化评价、动态评价等越来越受到人们关注。

（一）发展性评价理念

发展性评价由形成性评价发展而来，它指依据特定的教育目的，采用恰当的技术与手段来评估和说明一个人的发展过程，以使学生在学习过程中能不断认识自我、发展自我和完善自我的评价活动。[①] 该理论认为，在教育评估中，要充分尊重和反映学生之间的不同，才能充分调动和发挥个体的主观意识，使每个学生的自我价值最大化；评价是与教学过程持续并行而且同等重要的过程，它贯穿于教学活动的每一个环节，是教学活动的有机组成部分，其目标是促进学生发展，而并不仅仅是为了检查学生的表现。因此，发展性评价更加强调以人为本的思想，重视通过评价来发现人的价值、发掘人的潜能、发展人的个性、发挥人的力量。

（二）真实性评价理念

真实性评价是20世纪80年代末在美国兴起的一种新型评价方式，它对学生运用知识的能力提出了相应要求，并对学生运用知识解决问题的过程进行了模拟，从而试图用接近“真实生活”的方式来评价学习的成就水平，任务完成的绩效主要依据学业标准制定的评价量规进行。真实性评价是对标准化评价方式的有效补充，根据实际需要，教师可以在教学过程中交替使用这两种方式开展学习评价。目前，真实性评价已逐渐被大家接受并广泛使用，逐步形成了一个新的教育评估体系。

（三）多元化评价理念

现代智力研究成果认为，学习能力是多方面的，而不是单一的；每个学生所擅长的智力学习方式不一样，因此对学生学习能力的表征形态应该是多方面的；学生在意义建构活动中表现出来的并不是单一维度的能力，而是多维度能力的综合体现。因此，应该通过多种评价手段衡量不同的学生，不断健全评价体系，用综合性手段反映学生的学习成绩和学习过程，并给学生以多元化、弹性化、人性化的发展空间。

（四）动态评价理念

动态评价理念源于苏联著名心理学家维果茨基的社会发展认知理论。相对于

① 黄春霞．信息化时代大学英语课堂教学与优化研究［M］．银川：宁夏人民出版社，2023：147.

传统评价只提供学生在单一时间点上的测验表现或成就信息的相对静态化评价来说，动态评价能够检查教学与评价过程，它兼顾过程与结果，兼顾社会介入与个别差异，并通过师生间的双向沟通与互动关系，考查认知潜能和学习迁移能力，因此，可以评价与预测学生最佳的发展水准。

三、大学英语教学评价的功能

大学英语教学评价能够不断促进学生在学习过程中的成功与进步，从而使学生能够真正认识自我，促进他们综合能力的发展。另外，大学英语教学评价能够为教师提供反馈信息，从而不断改进自己的教学情况，提升自身的教学水平。总体而言，大学英语教学评价有如下功能：

（一）导向与促进

大学英语教学评价有助于英语教学目标的实现。我们知道，大学英语教学评价不仅需要评价学生对知识的掌握情况，还需要评价学生的学习态度、发展潜能等，只有通过综合性评价，大学生才能在英语学习中保证积极的态度，从而形成有效的学习策略，并且具备跨文化的意识。大学英语教学评价应该为英语教学目标服务，这就要求学生应该从目标出发，对自己的学习计划加以制订，并不断检验自己的学习方法与学习成果，这样才能将自身的潜力挖掘出来，提升自身的学习效率。因此，大学英语教学评价对于学生来说有积极的导向作用。

大学英语教学评价会对学生日常学习表现、学生学习中获得的成绩、学生学习的情感与态度等展开评价，通过对学生学习的激励，可以帮助学生对自己的学习过程加以调整，让他们逐渐获得自信心与成就感，培养学生间的合作精神。为了让评价与教学过程有机融合，学校与教师应该采用宽松、开放的评价氛围来评价学习活动与效果，可以建立相应的档案袋等，并对教师与学生进行鼓励，从而实现评价的多元化。

（二）诊断与鉴定

大学英语教学评价对教与学的情况进行了整体评判。在教学过程中，往往会通过评价量表等对教师的教授情况、学生的学习情况展开检测，便于学校、教师、学生了解具体的教与学情况，判断学生学习过程中有无偏差，从而找出问题的原因，并加以改进与提高。

（三）反馈与调节

师生通过问卷访谈等，发现教与学中的优点与不足，对教与学过程中的得失进行评价。通过评价，教师以科学的方式反馈给学生，促进学生建立更为全面与客观的认识，并对下一阶段的教与学规划内容及策略进行有针对性的调节，有效地开展教与学活动。

（四）展示与激励

大学英语教学评价可以展现出学生学习的具体成效，让学生认识到自身学习中的成功之处，不断鼓励自己，获得更大的成功。当然，教师还需要适当地提出学生学习中的错误，让他们产生一种焦虑感，从而更加勤奋地参与到大学英语学习中来。这些正反鼓励方式，都会不断提升学生学习的主动性与积极性。

第二节　教育信息化背景下大学英语教学的多元评价策略

在教育信息化辅助下，面对目前英语教学评估中存在的问题，高校应充分尊重学生对英语学习的认识和个性特征，开展诊断建议性评估。促进大学英语教育的内涵发展，是英语教学取得良好效果的重要因素。因此，高校应充分利用教育信息化技术，积极探索多元评价的新策略，从拓展英语评价内容、突出评价的层次性、实施全过程评价、扩大师生评价主体等方面入手，使多元评价系统的作用最大化，从而保证大学英语教学质量的提高。

一、拓宽评价内容，实现测试标准多元化

为了使大学英语教学更加多样化，高校应扩大考核内容，促进考核标准多样化。

首先，大学英语评估应遵循大学英语课程内容的多样性，应充分认识到大学

英语教学不仅包括词汇和语法，还包括口语等交际活动。与此相适应的是，教师的教学评估内容也要相应地扩大，从形式上可以采用网上评估、团体评估等方式。大学英语教师可以对每个单元的学习进行形成性的评估，包括学生在课堂上收集的学习材料及其研究贡献、小组讨论以及在会话交际中的个人表现。同时，教师应引导学生在学习过程中制订自己的学习计划、分享学习经验、展示学习结果，使学生的学习过程得到全面体现，从而为评估的多样化奠定基础。在终结性评估中，教师应对每个单元的英语教学效果进行评估。所以，效果评估的终结性，必须与学生深入了解的单元主题等多个维度相对应。

其次，要考查学生的英语使用能力，如准确地使用词汇、语法、语境等。另外，在评估学生的英语交流和英语知识运用能力方面，各高校要根据学生的实际情况，制定有针对性的、多层次的考试标准，以使考试的形式多样化。①

二、突出评价的层次性，促进评价发挥综合效果

大学英语教学最突出的特征是充分发挥学生的主体性。大学英语教师要根据学生的特点，实行因材施教的教学策略。相应地，对每个学生的评估也因人而异。大学英语教学评估应根据学生的实际情况制定相应的评估指标，强调分层化、个性化，使评估的整体效益得以实现。

第一，大学英语老师可以利用网络信息技术对每个学生的日常英语学习成绩进行统计，并建立起一个动态的数据库，重点关注平时的考试成绩，尤其要注意学生在小组合作学习中的成绩，从而达到全面评价的目的。

第二，在大学英语教学中，教师要善于利用分层评估的结果，对每个学生进行有效的激励，以达到扬长避短的目的。只有这样，教学评估的综合作用才能得到充分的体现。

三、实施全过程评价，提升评价的科学性与合理性

大学英语教学应利用教育信息化技术，构建一个英语学习的数据库，将学生

① 刘佳佳．新文科背景下大学英语混合式教学多元评价［J］．安顺学院学报，2022，24（1）：74-78.

在线上、线下的学习和英语的对话表达等内容进行存储，以便真正反映出学生的英语学习情况，从而提高大学英语评估的科学性和合理性。在大学英语学习中，自主学习是一种很好的学习方式，要实现对教学效果的全过程评估，也需要学生自我评估的配合。因此，在大学英语教学中，要引导学生明确自己的学习目的和策略，并对自己的学习状况和效果进行自我反省和自我调节。

首先，在线上和线下的学习过程中，要加强学生的自我监督与管理，确保自我评估的科学性。

其次，为了确保学生的自我评价是合理的，大学英语教师要及时地监督学生的自主性和自觉性，使他们能够时时自省，切实把自我评价落实到位，只有这样才能真正实现全过程评价。①

四、扩大师生评价主体，充分发挥评价激励作用

要使教学评价更好地发挥其激励功能，必须进一步拓展评价主体，形成教师评价、同伴评价等多种评价手段，以构建大学英语评价的多元化评价体系。

第一，在大学英语教学评价中，应促进教师和学生之间的相互影响，教师评估应注重对学生英语使用的专业性，而同学评估则应从同伴在合作学习中的实际表现和贡献来进行评估。同时，大学英语教师应根据学生的实际，制定出几个基本的教学规范，以便在实施同伴评价时能够客观、公正，从而有效地发挥评价的激励效果，提高学生的学习热情。②

第二，在大学英语教学中，应指导学生建立英语评估小组。为确保团队协作，教师要对每位同学的英语知识掌握程度进行细致的调查，并按其英语水平将其分组。同时，老师要引导每个学生学会倾听别人的建议，并主动地改善自己英语学习中的不足。

---

① 翟平丽．大学英语教学与教师信息化素养研究［M］．延吉：延边大学出版社，2022：81.

② 尉迟若辰．艺术类高校大学英语项目学习实施策略研究［J］．教育理论与实践，2020（21）：59-61.

第三节　教育信息化背景下大学英语教学评价的指标构建

教育信息化背景下，大学英语教学评价的指标对于教学评价具有重要的指导意义，因此本节将对大学英语教学质量评价的具体指标、大学英语教学质量的评价设计、大学英语教学质量网络评价系统指标设置等内容进行详细分析。

一、大学英语教学质量评价的具体指标

大学英语教学质量评价的具体指标如表 7-1 所示。

表 7-1　大学英语教学质量评价的具体指标①

一级指标	二级指标	评价标准
教师素养	教师责任心与态度	对教学有热情，尊重、关心、帮助学生 责任感强，传递正能量，以良好的师表行为去影响学生 教学态度认真，治学严谨，备课充分
	教学改革与信息素养	教学改革遵循教育教学规律，贴近时代发展的要求 熟练运用通用的和专业的信息技术工具 熟练使用学校网络教学平台，将在线和面授两种方式有机整合
教学设计	教学目标	教学目标融“知识传授、能力培养、素质教育”于一体，鲜明易懂，难易适度，可操作性强
	教学内容	教学内容恰如其分地反映了教学目标；能联系和反映学科进展；实践课程（含独立设置的实践课）能有效培养学生的实践能力和创新能力
	教学策略	有恰当的教学方法、手段与组织形式引导学生完成学习任务，实现教学目标 注重研究性学习，体现以学生为主体、以教师为主导的教育理念

① 柯清超．超越与变革翻转课堂与项目学习［M］．北京：高等教育出版社，2016：71.

续表

一级指标	二级指标	评价标准
在线学习	网络学习资源	网络教学平台内的教师信息、课程简介、教学大纲、教学日历等内容翔实 课件、教案、问题集、案例集、学生作品集等更新及时，试题、试卷库题量丰富，并能有效共享 为学生的个性化学习、拓展性学习提供了有效的文献资料
	课前预习与作业	学生能有效利用在线学习资源进行自学 课前预习和课后作业任务明确，且任务量适度 学生能够利用在线学习平台适时检测自学效果
	小组协作与教学反馈	小组学习任务设置适当，成员团结协作精神好 课程讨论区使用率高，线上互动活跃；对课外学习给予指导和建议，对作业、作品、测验等批阅和反馈及时
课堂面授	课堂内容的讲解	围绕在线学习产生的共性问题，有针对性地安排授课内容 对问题的讲解思路清晰、深入浅出、重点突出
	多种教学方法的使用	灵活运用多种方法的配合和转换，通过学生讲课、演示、角色扮演等方式体现学生的主体性 能有效设疑和组织讨论，启发学生独立思考和创新思维 通过课堂测验、习题等方式加强对知识的巩固和理解
	学生发展与课程考核	面向全体学生，关注个性差异，注重优生培养和差生转化 充分利用网络教学平台收集信息，建立恰当的形成性课程考核方式，有效促进学生学习能力的发展
教学效果	基本知识、技能与应用	理解基本概念和原理，掌握基本实践技能 有能力把相关概念、原理和技能应用或推广到现实生活或其他新情境中
	学习兴趣与自学能力	对本门课程的学习有兴趣 能有效利用网络和其他信息技术工具 自学的意识和能力均有所提高

二、大学英语教学质量的评价设计

（一）教学质量评价的分类

在教学中，评价应该由专家、学者、教师、同伴以及学生共同完成。教学的评价真正要实现定量评价和定性评价、形成性评价和总结性评价、对个人的评价和对小组的评价、自我评价和他人评价之间的良好结合。一般而言，常用的教学质量评价方式有三种：

第一，诊断性评价，是对学生知识、技能和情感状态的一种预测。

第二，形成性评价，指在某项教学活动过程中，为更好地达到教学目标而不断进行的评价。

第三，总结性评价，指在一项教学活动结束之后，为了解最后结果而进行的评估。

（二）支持教学质量的评价活动

教学质量评价主要关注对学生学习情况的鉴定、调节等。通过教学质量的评价，教师能够了解学生真正的学习难点，从而指导课堂教学活动的设计。教学质量的评价非常关注学生的学习过程，如学习安排、学生的提问、独立学习表现、小组学习表现、结果表达和成果展示等。教学中常用的评价形式主要有以下几种：

1. 在线测试

在线测试主要是通过网络技术进行学习效果的检测。网络平台能自动收集学生的测试结果，并能自动完成测试批改和分析等工作。根据教学的学习目标，可以采用在线测试形式有低风险的自我评价、在线测验等。

（1）低风险的自我评价。主要用来帮助学生判断自身对自主学习内容的理解程度，是一种能快速反馈的评价方式。

（2）在线测验。以单项选择、多项选择和填空题为主要形式，考查学生对学习内容的识记和理解。

2. 概念测试

这是一种简短、具有针对性的非正式学习评价方式，通常针对一个知识点设置 1~5 道选择题，学生通过举手、举指示牌或选择器回答问题。概念测试的主要目的在于获得学生对当前讲述知识点的理解程度，以便教师进行教学调整。这是一种低风险的评价方式。

3. 概念图评价

概念图是一种用节点代表概念，用连线表示概念间关系的图示法。它能反映出学生的思维与知识点之间的关系。例如，教师可以针对课外学习内容给出一份不完整的概念图，让学生填补空缺的概念及概念间的逻辑关系，以此了解学生对所学概念的理解程度，并适当安排进一步的教学活动，加深学生对某些薄弱概念的理解。

4. 同伴评价

同伴评价是由合作学习的同伴对学生做出的评价。它有利于学生更好地参与到小组学习活动中来，能够培养学生的合作精神。

（三）教学模式常用的评价工具

教学质量评价往往借助评价工具来收集资料。以下是大学英语教学模式评价常用的一些工具。

1. 结构化观察表格

结构化观察是人们通过感觉器官或借助一定的仪器，有目的地对自然状态下的现象进行考察的一种方法。这种方法主要用来收集学生的学习行为反应信息。用于观察学生在课堂中出现不集中注意力行为如表 7-2 所示。

表 7-2　学生出现不集中注意力行为的观察记录①

—	0~5	5~10	10~15	15~20	20~25	25~30	30~35	35~40
S1								
S2								
S3								
S4								
⋮								
Sm								

2. 态度量表

态度量表是针对某件事物而设计的问卷。被试者对问卷所作出的反应，反映了被试者对某事物的态度倾向。态度量表主要用来收集学生的学习态度反映信息，是为了了解学生对课堂教学的态度所设计的量表，如表 7-3 所示，针对的问题是：“你对该节课感不感兴趣？”

① 柯清超．超越与变革翻转课堂与项目学习［M］．北京：高等教育出版社，2016：73.

表 7-3 态度量表设计实例①

很感兴趣	感兴趣	不感兴趣	很不感兴趣

3. 形成性练习

形成性练习是以各种形式考核学生对本学习单元基本知识的掌握程度。形成性练习设计实例如表 7-4 所示。

表 7-4 形成性练习设计实例②

知识点	学习水平	题目内容
什么是限制性定语从句?	理解	判断（正确打“√”，错误打“×”） It is Mount Tai that lies in Shandong Province.

在具体操作过程中，教师可以给出一些英语句子，让学生判断哪些是限制性定语从句，依据判断结果来评判学生对这一知识点的掌握程度。

4. 同伴互评量规

同伴互评是开展合作活动常用的过程性评价，其实施可以借助互评量规进行，如表 7-5 所示。

表 7-5 小组活动互评③

评价内容		较满意	满意	很满意
我觉得我们组	①自觉完成了教师布置的任务			
	②与伙伴们相处融洽			
	③学到了一些知识			
其他同学认为我们组	①能自觉完成教师布置的任务			
	②大部分时间里提出的意见对小组有帮助			
	③总体表现是认喜欢的			

① 柯清超．超越与变革翻转课堂与项目学习［M］. 北京：高等教育出版社，2016：74.

②③ 柯清超．超越与变革翻转课堂与项目学习［M］. 北京：高等教育出版社，2016：75.

续表

评价内容		较满意	满意	很满意
老师表扬我们组	①乐于完成学习任务			
	②在活动中积极表达自己的想法			
	③喜欢与其他组沟通交流			
我们组得到了	______颗星			

三、大学英语教学质量网络评价系统指标设置

在教育信息化背景下，教学质量评价体系得到了进一步完善与发展。当前，基于教育信息化技术构建的评价系统有如下几个方面：

（一）网络实时评价系统

网络实时评价系统以网络通信手段为依托，通过利用文字、图像、音频、视频等方式进行相互交流，在沟通过程中实现具体的评价。利用这一评价系统，学生不再受时间、空间方面的限制，可及时获取教师的有效反馈。这一系统可以帮助教师有效监控、管理学生的学习，可以大大地提升学习效率。

（二）网络考试系统

网络考试系统通常涉及针对学生的考试系统、题库系统、自动批阅系统等。学生可以随时随地登录这一系统，通过从题库中抽取试题进行回答，在完成后就会给出结果，系统对学生的题目回答情况进行评判。教师利用这一系统进行阶段性测试或者综合性测试，学生也可以自由控制题型、时间、难度等。网络考试系统通常可以自动生成答案，并且给出评估报告，对学生的学习风格、学习效果、学习倾向等进行汇报。

（三）网络答疑系统

网络答疑系统一般包括在线讨论、互动交流两种形式。当前，很多英语教学网站中都设置了在线互动讨论区，学生在这个讨论区中可以自由发帖即发表自己的学习看法与成果，并通过回帖与其他学生进行沟通与互动。网络答疑系统可以对学生提出的知识难点进行记录，教师可以通过系统记录的难点分析学生的学习情况，进而发现自己教学中存在的问题，从而及时调整与改变教学策略。通过网

络答疑系统的搜索引擎功能，学生可以快速得到问题的答案。

（四）网络多媒体考试系统

网络多媒体考试系统是网络在线考试系统改进后所形成的。在传统文本考试的试卷上，网络多媒体考试系统增加了一些多媒体数据，如音频、视频、图像、漫画等，利用虚拟现实技术组建虚拟的考试环境，非常适合运用到网络多媒体辅助下教学质量评价中。网络多媒体考试系统使得全面、多元的评价成为可能。

第四节　教育信息化背景下大学英语教学评价方法创新

在教育信息化背景下，大学英语教学评价方法实现了多方面的创新，具体来说，主要表现在以下几方面：

一、网络技术评价法

网络技术评价法应用在大学英语教学评价过程中，可以划分为制定评价标准、应用评价标准进行测量、划分测量结果等级、给出评价结论四个步骤。

（一）制定标准

制定评价标准的过程是把评价目标的主要属性细化为一系列具体、可测量的指标的过程。在教育信息化迅速发展的大背景下，大学英语教学的评价标准也应该相应地发生变化。大学英语教师需要依据不同层次、不同性质、不同类型的评价客体予以针对性的评价。在教育信息化的背景下，大学英语教学评价标准也应多元化，以达到综合评价的目的。大学英语评价标准应该以内容知识作为统一目标，但同时需要考虑学生对未来的发展方向存在不同。要让学生在不同方向上实现自身的发展，就要让学生制定自身标准，在课堂知识学习并掌握的基础上，加入个人标准，实现两种标准的融合，从而对学生进行综合的考查。

（二）进行测量

测量是依据评价指标体系，用数值描述评价对象的属性过程。测量是一个事实判断的过程，即测量是反映评价对象的客观状态，不对这种状况进行主观评判。凡是测量都需要有标准或法则，这是测量的工具。教学中的测量工具不像测量身高用的皮尺、测量体重用的秤一样直观，需要评价者按照评价标准中的每一个指标对评价对象做出实事求是的判断。

（三）划分等级

老师要对评估对象进行测量之后的测量结果进行定义，并确定其完成的范围。定义测试的结果，通常是通过分级来进行的，以大学英语考试成绩为例，90分以上是优秀，80~90分是良好，70~80分是中等，60~70分是合格，60分以下是不合格。在对大学英语成绩的等级进行分类时，采取定量和定性两种方法，使定量和定性评估的优点得到充分的体现。

（四）给出结论

评价的最后一步是根据测量结果对评价对象进行价值判断，并给出评价结论。具体而言，大学英语教学的评价结论包含：对大学英语教学质量能否通过评价进行判定；对大学英语教学质量需要达到的水平进行界定；对大学英语教学中存在的优势与不足做出判断。

从以上的过程看，教育信息技术背景下大学英语教学评价，通常采用的纸笔考试并不是评价的全部。考试是大学英语教学评价中的测量环节，考试成绩（测量的结果）并不是评价要得到的唯一和最终结果，如何合理地评价大学生的英语考试成绩是每一位大学英语教师都应该关注的问题。

二、网络测试法

在教育信息化背景下，测试是大学英语教学评价中最基本的方式。一般来说，测试分为三种：网络随堂测试、网络期中测试、网络期末测试。①

网络随堂测试指在一节课中对当次课堂教学的知识和技能进行评价的方式。这种评价应该围绕教学目标，对当次课堂的教学重点和难点进行测验，以检测学生的学习效果。在开始上课时教师可以组织诊断性评价，对以往学习的知识和技

① 王凤玲．信息化背景下大学英语教学的变革与探索［M］．长春：吉林出版集团股份有限公司，2021：95.

能进行测验，了解学生对原有知识和技能的掌握情况，为本次课的教学提供支持。网络随堂测试属于形成性评价，为改进教学提供了依据。

网络期中测试通常是在一个单元或模块学习结束以后，对整个模块涉及的主要教学目标进行测验。网络期中测试主要检查学生对整个单元、模块知识和技能的掌握情况。网络期中测验涉及的教学目标比网络随堂测试多，在进行测验时应该设置对单元、模块知识和技能综合运用的项目，涉及的教学目标类型往往为掌握、分析、综合、评价层次，以检测学生的总体把握情况和对单元知识灵活应用的能力。网络期中测试属于形成性评价，是为改进整个单元、模块的教学服务的。

网络期末测试是对课程的总结性评价，是检查学生学习成就和教师教学效果的重要方式。网络期末测试应该从课程整体目标中的重点、关键点、难点出发，检查学生对基本概念、基本技能、核心知识、主要方法等的掌握情况。网络期末测试可以采用上机测验、作品制作等相结合的方式进行。在评价时可以兼顾学习过程中学生的表现，最后对学生做出总体评价。

三、基于平台的学习过程分析

（一）学习进度监督

1. 监督班级总体进度

教育信息化技术应用于大学英语教学评价将极大地推进班级总体进度的统计。例如，信息发送后，本班级有多少学生阅读了？在教育信息化技术的支持下，发送消息的教师方可在后台管理系统查看统计信息，分析每日接收信息的数量以及更直观地了解内容信息的阅读人数、消息互动等，了解平台的活跃度和被学生重视的程度。当内容信息达到的人数与阅读的人数相近时，可推测得知本班学生对该教育信息平台较为关注，愿意花时间阅读信息；反之，说明推送的内容反响不佳，需及时反思调整、优化平台的传播，以提高读者使用平台的频率。

2. 监督学生个人进度

在教育信息化背景下，每个大学生的英语作业都有明确的最后期限，学生可以提出延期交作业，但会有相应的减分，如果迟交，这次的作业就不会被记录。这种灵活的打分方式，可以让学生在“不按时交作业，会被扣分，被罚”等规则的约束下，及时、严肃地完成学业。将固定的单元测试与灵活的分数策略结合起来，可以极大地提高学生的学习效率、学习积极性。

（二）智能分析

教育信息化教学平台支持统计分析、学生统计、信息统计，而大学英语教学的评价方式主要是作业分析、考试分析、试卷分析。作为一个研究领域，应学习分析从课程管理系统和其他教育软件中获取的数据，这些数据揭示了大学的学生和教师在虚拟英语课堂上的状况。学习管理系统，现在几乎普遍存在于全国高校的每一个班级，经常跟踪在线学生的参与情况，监控讨论板的张贴，学生访问数字资料、测验结果、评估和其他元素。其结果可以预测未来学生的表现，为学生提供个性化的学习途径，或者代表教师对面临风险或需要教师指导的学生进行干预。一些学习软件在学习“仪表板”上直观地显示数据，为学生和教师提供帮助。作为一个跨学科领域，学习分析会借鉴诸如统计、数据挖掘、人工智能、社交网络分析、可视化和机器学习等领域的成熟学术领域。

四、自我评价表

自我评价表（Self-evaluation Questionnaire）的设计既可以采用量规（Rubric）方式，也可以采用问卷调查表的形式。

（一）量规

这是一种量化的结构性评估方法，它通常从各个层面对评估对象进行细化，具有可操作性和较高的精确度。

在对大学生的英语学业进行评估时，使用量规可以有效地减少主观臆断，可由老师、学生共同评价。提前发布评价标准也能引导学生的学习方向。另外，英语教师可以让学生自行设计一些量规工具。

（二）问卷调查

问卷指提出问题，使学生根据自身的实际状况作出评判和答复。在此基础上，大学英语教师应对问题所要产生的效果进行引导，激发学生对自身的认知，促使学生对自身的学习方式和学习成果进行反思与修正，进而提高学生的自主学习能力。

结　语

信息化是教育发展的大方向，高校教育应满足知识经济时代对人才的需求。教育信息化不仅优化了英语教学的手段及方法，拓展了优质教育资源的建设与共享，更催生出了全新的教育教学模式，对大学与大学英语教师提出了新的要求，也为大学英语教学改革提供了新的契机。教师需要积极应对这一发展趋势，革新自身的教学理念和教学方法，在教学中进行持续性改革和创新，从而提高教学水平和质量。

大学英语课程与信息化技术的有机融合超越了辅助教学、支持学习等工具价值，创造出新的教学形态，生成了新的教学关系，引发教育的全局性变革。大学英语教育的学科内涵由传统的三维上升为四维，即语言、课程、技术和人。大学英语课程和技术的融合则体现在线上与线下教学的呼应，课前、课中与课后的衔接，隐性与显性课程的互补，以及慕课、翻转课堂、微课与混合式教学模式的普及，为人类学习语言、使用语言提供了前所未有的支持。

教育信息化背景下的大学英语教学变革，不仅是教学的网络化与数字化，更是基于教学和育人目标，将互联网思维、环境和技术等创新成果与教学思维、教学要素、教学关系、教学结构、教学过程等互相融入、深度融合与双向超越的过程。因此，教育信息化背景下的大学英语教学要求教师和学生具备良好的信息思维，具备应用信息技术解决教学、学习和生活中存在问题的能力。而教育信息化背景下的大学英语教学改革，是高校师生提升综合信息素养，从技术应用向能力素质全方位拓展的过程。要求高校和英语教师在教学过程中将语言、课程、技术和人等要素有机融合，通过转变教学观念、更新教育教学理论，增加教学元素，整合教学资源，适时运用新型的教学形态和教学模式，营造更加多元、平等、开放、协作和共享的教学生态环境。

大学英语教学改革势在必行。现阶段大学英语信息化教学改革效果不甚理想的主要原因在于大学英语教师信息化教学能力的缺失，以及高校信息化教学保障机制的不健全。为了更好地发挥信息化教育的优势，顺应时代的潮流和趋势，构建新的英语教学范式，提高大学英语教师的专业能力以及大学英语信息化教学改革的效果，要从学校、教师、学生三个层面去探索改革的途径和策略。高校要不断改善信息化教学的软硬件设施，完善保障制度，加大改革的决心与力度。大学英语教师要及时更新教育教学理念，主动提升个人信息化综合素养，积极探索混合式英语教学方法。同时要积极引导学生，树立自主学习意识，提升自主学习能力。

参考文献

［1］黄春霞．信息化时代大学英语课堂教学与优化研究［M］．银川：宁夏人民出版社，2023.

［2］翟平丽．大学英语教学与教师信息化素养研究［M］．延吉：延边大学出版社，2022.

［3］王凤玲．信息化背景下大学英语教学的变革与探索［M］．长春：吉林出版集团股份有限公司，2021.

［4］侯志荣．信息化时代大学英语混合式教学研究［M］．长春：吉林人民出版社，2021.

［5］施黎辉，付国伟．信息化时代大学英语自主学习能力的培养研究［M］．北京：中国书籍出版社，2023.

［6］魏琴．信息化背景下大学英语教学研究［M］．长春：吉林人民出版社，2020.

［7］郭向宇．教育信息化背景下高校大学英语教学改革模式［M］．延吉：延边大学出版社，2020.

［8］吕文丽，庞志芬，赵欣敏．信息化时代下的大学英语教学改革探索［M］．长春：吉林大学出版社，2019.

［9］谢志方．大学英语翻转课堂研究［M］．青岛：中国海洋大学出版社，2021.

［10］孙海珊．大学英语教学改革的多元视角探索［M］．长春：吉林出版集

团股份有限公司，2022.

［11］段茂超．大学英语教学创新与实践研究［M］．长春：吉林出版集团股份有限公司，2021.

［12］丁睿．大学英语教学发展研究［M］．长春：吉林人民出版社，2019.

［13］俞婕，魏琳．数字化时代大学英语翻转课堂新探索［M］．北京：冶金工业出版社，2022.

［14］蔡玲．大学英语教学实践探索［M］．长春：吉林文史出版社，2021.

［15］戴朝晖．基于慕课理念的大学英语翻转课堂研究［M］．青岛：中国海洋大学出版社，2019.

［16］丁煜等．大学英语教学多维探究［M］．武汉：华中科技大学出版社，2021.

［17］高玲．大学英语教学应用与教学策略研究［M］．长春：吉林出版集团股份有限公司，2022.

［18］郭江虹．大学英语的多维教学理论研究［M］．长春：吉林大学出版社，2019.

［19］侯敏灵．大学英语教学方法改革与实践探索［M］．长春：吉林摄影出版社，2022.

［20］霍瑛．多元文化视域下的大学英语教学［M］．长春：吉林人民出版社，2021.

［21］李琳莉．大学英语教学基础理论与转型发展研究［M］．长春：吉林文史出版社，2022.

［22］李晓玲．大学英语教学方法研究［M］．西安：陕西科学技术出版社，2020.

［23］丽娜．大数据驱动下的大学英语教学革新与探索［M］．长春：吉林人民出版社，2021.

［24］毛佳玳．信息化背景下高校英语教学创新研究［M］．杭州：浙江工商大学出版社，2022.

［25］茹意．当代大学英语教学理论与实践研究［M］．长春：吉林出版集团

股份有限公司，2021.

［26］沈黎．大学英语教学研究［M］．长春：吉林出版集团股份有限公司，2020.

［27］孙海珊．大学英语教学改革的多元视角探索［M］．长春：吉林出版集团股份有限公司，2022.

［28］吴朝霞，马之成．大学英语教学理论与实践研究［M］．长春：吉林摄影出版社，2022.

［29］徐雪元．大学英语教学改革实践［M］．长春：吉林出版集团股份有限公司，2020.

［30］钟泽洲．大学英语信息化教学模式［M］．长春：吉林出版集团股份有限公司，2018.

［31］曾大立．信息化教育与英语教学［M］．北京：九州出版社，2018.

［32］彭奕奕．网络信息技术与大学英语教学整合模式研究［M］．北京：北京工业大学出版社，2018.

［33］汤海丽．高校英语信息化教学改革与微课教学模式探究［M］．北京：冶金工业出版社，2018.

［34］张冰，蒯莉萍，成敏．“互联网+”时代大学英语信息化教学研究［M］．西安：世界图书出版西安有限公司，2018.

［35］莫英．信息化背景下大学英语教学改革与创新思维［M］．成都：四川大学出版社，2018.

［36］朱琳．互联网背景下大学英语信息化教学研究［M］．北京：北京工业大学出版社，2018.

［37］张喜华，郭平建．信息化背景下大学英语教学改革研究［M］．北京：北京交通大学出版社，2017.

［38］张敏．大学英语教育教学理论与实践探究［M］．北京：中国商业出版社，2018.

［39］王薇．大学英语自主学习与远程教学研究［M］．北京：北京工业大学出版社，2018.

[40] 冯改．大学英语教学模式问题与对策研究 [M]. 北京：中国商务出版社，2017.

[41] 于辉．当代大学英语教学改革多元化趋势研究 [M]. 长春：吉林大学出版社，2018.

[42] 王亚非．现代大学英语教学改革的多元视角探索 [M]. 北京：九州出版社，2017.

[43] 范新．推动信息化教育与大学英语课堂深度融合 [J]. 教育信息化论坛，2020，4 (1)：44-45.

[44] 傅静玲，卢洁．信息化对提升大学英语教学效果的实证研究 [J]. 六盘水师范学院学报，2021，33 (2)：77-82.

[45] 胡莉．教育信息化改革背景下的高校英语教学新发展 [J]. 科技资讯，2019，17 (13)：145-146.

[46] 胡雯．信息化背景下大学英语教学改革创新 [J]. 佳木斯职业学院学报，2022，38 (11)：61-63.

[47] 江凌．信息化时代大学英语教学中翻转课堂的实践性研究 [J]. 英语广场：学术研究，2020 (9)：92-94.

[48] 李彬芳．信息化时代微课应用于大学英语教学的思考 [J]. 校园英语，2019 (43)：8-8.

[49] 李洁．教育信息化背景下大学英语混合式教学模式构建与实践探究 [J]. 教书育人：高教论坛，2023 (1)：107-109.

[50] 李丽．信息化时代大学英语教学策略探微 [J]. 数码设计，2019，8 (6)：65-66.

[51] 李玲．教育信息化助力高校英语教学的方法解析 [J]. 读天下（综合），2020 (31)：1-1.

[52] 刘晶．教育信息化背景下信息技术与大学英语教学整合路径探索 [J]. 海外英语，2020 (4)：128-129.

[53] 秦蕾．信息化背景下大学英语教学改革策略探析 [J]. 教育信息化论坛，2021，5 (8)：64-65.

［54］宋慧．信息化时代大学英语教育的转向突破研究［J］．大学：研究与管理，2022（5）：101-104.

［55］王波．信息化语境下大学英语教学生态体系重构与创新［J］．陕西理工大学学报（社会科学版），2021，39（1）：67-71.

［56］王燕．信息化技术在大学英语教学中的应用［J］．海外英语，2021（19）：164-165.

［57］王艺璇，曹晓晨．信息化背景下大学英语教学改革的问题与策略［J］．黑龙江工程学院学报，2020，34（5）：69-72.

［58］温立军．大数据时代背景下的大学英语教学信息化变革研究［J］．当代教育实践与教学研究，2019（21）：42-43.

［59］薛雨．教育信息化背景下大学英语教学模式研究综述［J］．商洛学院学报，2021，35（5）：87-92.

［60］杨洁．教育信息化在大学英语课堂教学中的运用［J］．新课程教学（电子版），2021（7）：188-189.

［61］杨克彦．信息化教学在大学英语教学导入中的运用［J］．百科论坛电子杂志，2020（13）：204-205.

［62］张小艳，赵元元．教育信息化背景下大学英语教学改革的创新思考［J］．中国科技期刊数据库科研，2022（8）：26-29.

［63］张晓楠．信息化时代大学英语教学中翻转课堂的实践性研究［J］．校园英语，2019（13）：46-47.

［64］祝全．教育信息化背景下大学英语教学路径研究［J］．现代英语，2022（7）：37-40.